賢い女性の
[お金の稼ぎ方・ふやし方・守り方]

一生、お金に困らない55のルール

本田 健

Ken Honda

きずな出版

はじめに――

一生、お金に困らない女性の生き方とは？

これまでに、お金のことをあまり教わってこなかった、という女性は多いと思います。日本の学校教育では、お金について学ぶ機会がほとんどありません。また、家庭でも、男の子にはお金や仕事のことを教えても、女の子には必要ないと考える保守的な親が、まだたくさんいます。

なかには、女の子にも、ビジネスやお金のことを積極的に教えようとする親もいます。自分がビジネスの世界に身を置いているために、現実の厳しさを知っているからです。

でも、その家庭に特別な教育方針がなければ、ほとんど何も教わらないまま、多くの女性は社会人になります。それでは、武器を持たずに戦場に送られるようなものです。

「そう言われても、あんまり、困ることはありませんけど……」

と言っていられるのは、女性が20代までです。

10代、20代のうちは、男女にかかわらず、お金のことで大きな失敗をすることはほとんどないものです。それは、個人的に扱うお金の額も小さいし、また、持っていないのが普通で、そのことで特別不自由を感じることは、あまりないからです。

とくに「女性の20代は誰もがバブル」といえるほど、日常では、誰かにごちそうしてもらったりする機会も多いので、お金のことで苦労したり、心配するといったことはあまりないかもしれません。

ところが、30代、40代になっても、まだ20代と同じようなノリで生きていると、だんだん不安が忍《しの》び寄ってきます。安定的な仕事があるわけでもなく、結婚の予定もない。周りもシングルの人が多く、毎日楽しいけれど、このまま、いまの仕事を続けることもできない現実を見ると、「ちょっとまずいかも……」という気分になります。

30代以上の都会に住むシングルの女性のなかには、漠然《ばくぜん》と自分の未来に対して不安を感じている人もいるかもしれません。

■お金から、逃げない

「お金って、いったい何だろう」

そのことを、ここで一緒に考えてみましょう。

将来、お金に困らないためには、お金のしくみを知ることです。

どういう人が稼げるのか。または、稼げないのか。

お金をずっとキープできる人、反対に、お金を失ってしまう人、あるいは、お金をもっとふやせる人とは、どんな人なのでしょうか。

多くの人にとっては、「大金持ちになりたい」ということより、「一生お金に困らないこと」のほうが切実な目標かもしれません。

本書では、一生お金に困らないための仕事選び、お金の使い方、守り方、パートナーの選び方、お金とのつき合い方について、お話ししていきたいと思います。

いま、なんとなく不安な人は、ちょっと怖いかもしれませんが、いまの自分と向き合いましょう。この本を読み進めていくうちに、お金の謎が解《と》け、積極的に動いてみようという気分になってくると思います。

お金と向き合うのは、久しぶりに体重計に乗るような怖さがあるかもしれません。

どうせいい数字ではないし、イヤな気分を味わうに決まっている。

そんな感じで長いあいだ、お金から逃げまわってきた女性も多いでしょう。

でも、ダイエットと同じで、いまはチクリと痛いけど、自分と向き合うのか、数年後、どうしようもなくなるまでズルズル行くのか、考えてみましょう。

いま、必要なのは、勇気と想像力です。

お金と向き合えていない自分、ちゃんとした仕事をしてこなかった自分、ついつい浪費してしまう自分、なかなか貯金ができない自分。

そういうできていない自分を、いったん受け入れて許してあげましょう。

これまでにできなかったことは、考えても仕方がありません。

大切なのは、「いまから何ができるか」です。

いまなら、まだ間に合います。これから、お金との新しい関係をスタートさせましょう。

■女性の人生とお金

女性の人生は、「結婚する、しない」「子どもを持つ、持たない」でも、ずいぶん違ってきます。当然、それに伴うお金の稼ぎ方、ふやし方、守り方も変わってきます。

結婚してパートナーの経済力に頼れる場合と、シングルで生きていくのとでは、お金の稼ぎ方、使い方も違ってくるでしょう。

自分がどうやってお金を稼ぎ、守っていくのかは、自分の生活の質をキープするためにも、あるいは自分の幸せを見つけるためにも、とても大事なことです。

お金の稼ぎ方は、

「自分で稼ぐ」

「投資で稼ぐ」

「旦那に稼いでもらう」

「自分で会社を起こしてビジネスをする」

「パートで働く」

などなど、いろんな方法があります。

「どう稼ぐのか」と同時に、「どう使うのか」も大切です。

「できるだけ使わず、節約する」という生き方が賢いかというと、必ずしもそういうわけではありません。

じつは、お金を使わずに豊かになった人はいません。「お金を使って、どう流れを生み出すか」が、次の豊かさにつながっていくのです。

両親や旦那さんが先に亡くなった場合には、遺産を相続することになります。そのときには、資産を守っていくことが重要になります。

残念ながら、世の中には、「オレオレ詐欺《さぎ》」や投資詐欺もたくさんあります。

悪い人たちが来たときに、どうやってお金を守るのか。また、誰を信頼して、誰を信頼すべきでないのかなど、知っておかなければいけないことがたくさんあります。

お金を守っていかないと、自分の生活の安全も脅《おびや》かされるし、子どもたちや次の世代にお金を残すことができなくなります。

■経済力で、女性の一生は全然違ってきます

あなたは、あまり意識していないかもしれませんが、経済力次第で、ライフスタイルが違うものになります。

月に20万円でやりくりする生活と、自由に使えるお金が生活費以外に100万円あるのでは、生活レベルが違うのは当然です。

ふだん使う化粧品、洋服、アクセサリー、車、住む家が違うのはもちろんですが、コンサートに行く、外食する、旅行に出かけるなどのライフスタイルも違ってきます。つき合う友人、趣味の活動も年収によって変わるものです。

たとえば、豪華客船に乗ったり、イブニングドレスを着るといったことは、お金があまりない人には、ずっと無縁なままでしょう。

そして、子どもが生まれると、子どもの教育、子どもの未来のパートナーまで、あなたの経済状態が影響する可能性があるのです。それだけ、お金の有無が人生の種類を決める

といえます。

なんとなく、「お金があったら人生はもっと楽しくなりそう」と漠然と考えているかもしれませんが、もっと具体的に見てみましょう。

お金から見た、人生の種類はいくつもあります。

□借金返済で、心身ともに余裕なし。心配、過労で毎日が地獄のよう。
□頑張って仕事をしても、生活するのがやっと。
□忙しく仕事をして、ようやく普通の生活ができる。
□旅行する、外食する、海外に行くなど、ちょっと贅沢《ぜいたく》ができる。
□自由に欲しいものが買える。時間の自由がある。好きなことをして暮らせる。
□お金に自由で、高級品も何でも買える。家、別荘も複数持っている。
□理想の人生を生きて、何でもできる。人に援助する余裕がある。

ざっと、こんな感じでしょうか。

いまのあなたは、どこにいるのでしょう？

そして、あなたの家族は、どうだったでしょうか？

小さい頃、お金で苦労した人は、そんな思いは二度としたくないと考えて、お金で不自由しないように、頑張って変わったかもしれません。

お金に対して何も考えずにいたら、誰でもできる仕事をして、普通の生活を送るようになります。

もし、どの立場でも選べるとしたら、あなたは、どこを選びたいでしょうか？

どういうことをすれば、そこに行けるのかを調べてみましょう。

いま、あなたがどのような状態でも、5年あれば、経済状態を大きく変えることが可能です。でも、そのためには、お金のこと、仕事のことと真剣に向き合う必要があります。

そして、自分ができることを一つずつこなしていって、毎日の生活を具体的に変えていくことです。

いまからスタートすれば、一生お金に困らない生き方が、必ず実現できます。

そのためには、あなたの意識を変えていかなければなりません。

■新しい生き方のモデルは、あなたが選べます

「いい人と結婚できれば、女性は頑張って自分で稼がなくてもいい」

親や周りの大人たちから、こんなふうに言われたことはありませんか。実際に、「女の子は、あんまり勉強する必要はない」と言われて、大学進学をあきらめて、専門学校や短大に行ったという人も、案外、少なくありません。

一昔前まで、「寿退社《ことぶき》」という言葉がありました。会社の人たちに祝福されながら会社を辞《や》めて、結婚することを意味しました。当時は、女性は結婚したら、家庭に入って、子どもを産み育てるものというのが、「昭和の生き方のモデル」でした。

だから、勉強も仕事も、そこそこでいい。それよりも、女性は、可愛げがあるほうがずっと価値がある。そんな時代があったわけです。

それは、男性ひとり分の給料で家族の生活費をまかなえたから、成立していたことです。家庭を持ったら、「男が妻と子どもを養っていくのが当たり前」という価値観もあった

でしょう。いま結婚しようとするカップルが直面するのは、「夫の収入だけでは、とても暮らしていけない」という現実かもしれません。

一生誰とも結婚しないという生涯未婚率も、10％を超えています。いまの若い世代がこのまま20年たつと、その率は、20％を超えるだろうといわれています。

そういう意味では、そもそも結婚できるかどうかさえ、保証されていません。

そして、たとえ結婚したとしても、3組に1組は離婚してしまうのです。

幸せな結婚生活を続けられたとしても、長い人生を生きるうえで、夫が病気になったり、リストラされたり、ということがないともかぎりません。女性の人生は、結婚することで「将来は100％安泰だ」とはならなくなっているわけです。

そんな時代に、どう生きるべきかで悩んでいる女性は多いでしょう。

では、どうして、そうなってしまうのでしょうか。

それは、自分の両親をモデルにして、人生を生きようとしているからです。

経済力のある男性と結婚して、主婦になるモデルが頭にあったので、たいしたスキルも身につけないまま、誰でもできる仕事をやってきたかもしれません。

でも、なかなかこれといった男性とめぐり合えず、気がついたら30代後半になっていた、というケースはよく聞きます。いままで派遣や事務などの、アシスタント的な仕事をやっていたので、スキルや知識が積み上がっていないのが特徴です。

途中で、「この道はよくないかも……」と思って引き返そうとしても、渡った橋はすでに崩《くず》れていて、元の道に戻ることができません。かといって、このまま何も考えずに、ただコツコツ働くだけでは、リスクが高すぎます。

こういうジレンマに陥《おちい》っている女性は多いのではないでしょうか。

そこから抜け出すためには、いろんな方法、やり方があります。

たとえば、積極的にパーティーに参加するなどして、経済力のある男性をゲットするということもできるでしょう。

ずっと独身で通す可能性があるなら、自分の付加価値を高めたり、ひとりで生きていけるだけの経済力を身につけることも大事でしょう。

どのルートで行くのかは、そのときのいろんな事情で変わってくると思いますが、どのルートに行っても大丈夫なようにしておくことが、賢い女性の生き方です。

「自分ひとりくらいなら何とでもなるはず」と考える人もいますが、自分が病気になったら、どうしますか？

あなたが元気でも、親やパートナーが病気になったら、どうでしょう。

あなたが、まだ若く、ふわふわして生きているタイプなら、このままの延長線上にいる自分の40代、50代をリアルにイメージしましょう。

あなたが40歳以上で、経済力を持たず、あなたの面倒をしっかり見てくれる両親やパートナーがいないなら、これからお金と向き合いましょう。

いまから動き出さないと、若い頃に想像したのと違う、ストレスの多い生活を強《し》いられることになります。

自分のイメージのなかに、実家の生活レベルがあると思いますが、油断していると、将来、はるかに下の水準の暮らししか実現できなくなるでしょう。

「このままだとまずいかも……」と感じた方は、これから、お金のこと、人生のことに向き合ってください。

あなたが、現在何歳だったとしても、いまからスタートすることができます。

■「お金と幸せ」について、考え始めましょう

お金は、あなたの人生を豊かにも、惨《みじ》めにもします。それは、現代の資本主義では、物やサービスが、お金を媒介《ばいかい》として交換されているからです。

お金を得るために、あなたは何を提供するのか、自分が頑張るのか、それとも両親やパートナーに何とかしてもらうのか、子どもに頼るのか、考えてみましょう。

いろんなスタイルはありますが、最終的には、その状態であなたが幸せかということが大切になってきます。自分で稼がないと気がすまない人がいる一方で、パートナーに養ってもらうことに喜びを見出すタイプもいます。

長い人生のあいだに、いろんなドラマがあるわけですが、年代によっても、お金の意味、仕事、家族との関わり方が違ってきます。

同じように、お金とあなたの関係も変わっていくでしょう。お金がどうしても必要なときに、それがないと寂しい思いをするかもしれません。

かといって、お金の心配をしたくないために、仕事に一生懸命になりすぎると、こんどは、プライベートの時間が減ってしまったり、パートナーや子どもが寂しい思いをすることになるかもしれません。

そういう意味では、お金との距離を健康的にとれる人が、幸せになれることがわかってくると思います。いくら稼いで、いくら使うということよりも、バランスのほうが大切だということです。

あなたの現在の経済状態がどうであれ、これからの人生でお金とどうつき合うのか、考えてみましょう。人生に正解というのはありませんが、きっと、あなたなりの答えが出ると思います。そして、その答えは、時間とともに変わっていきます。この本で、自分のこれからの人生のシミュレーションをしてみてください。ときには苦しくなるときもあるでしょうが、インフルエンザの注射と同じで、予防接種の痛みだと考えてください。

では、あなたの人生を素敵なものにするために、お金のことを一緒に考えていきましょう。お金について考えていくことで、あなたがこれから何をしたいのかも、はっきりしてくると思います。

■お金は、あなたを幸せにするためにあります

この本でお伝えしたいのは、お金は、あなたの幸せのために、稼ぎ、ふやし、使ってほしいということです。

お金は、人の感情を揺《ゆ》り動かすものです。油断すると、つい心配になって、節約に一生懸命になりすぎたり、仕事をしすぎたりしてしまいがちです。

お金は、人を幸せにする道具です。もちろん、包丁や火と同じで、便利なものですが、気をつけないと、ケガややけどをすることにもなります。

これから、いろんな角度から、お金についてお話ししていきます。途中で、ドキドキしたり、ワクワクすると思います。じつは、それは、あなたがいままでにお金や人生に対して感じてきた感情でもあります。

ちゃんと意識していないと、私たちの人生の岐路《きろ》で、お金に邪魔されることがあります。

留学、転職、独立、結婚など、やりたいことの多くに、お金は関わってきます。

そのときに、お金を理由にしてあきらめないでください。あなたにお金がなくても、この世界には、いっぱいお金はあります。誰かにお金を出してもらうこともできるし、貸してもらうこともできます。いままでの常識では考えられないかもしれませんが、いろんな可能性があることを知ってください。

お金は、あなたが望むような存在になります。意地悪な存在にもなるし、愛にあふれた存在にもなります。

お金は、あなたが「お金とは、こういうものだ」と感じていた観念通りのものになっていきます。この本を読み進めながら、あなたがお金とどういう新しい関係を持ちたいのか、じっくり考えてみてください。

人の数だけ、お金とのつき合い方があります。あなたの経済状況は、これまでの人生の積み重ねでできたものですが、今日から、それを変えていくことができます。

お金の心配がなく、楽しく暮らす自分の未来をイメージしてください。そのために、これから何をしていけばいいのか、一緒に見ていきましょう。

目次

第1章

社会とお金

お金と向き合うことから、本当の人生が始まる

第2章

お金の価値

いまの自分、将来の自分に必要なお金とは

第3章

結婚と離婚

パートナー次第で、生涯年収は大きく変わる

第4章

投資でふやす

交換ゲームを楽しむ

第5章

お金と人間関係

人を大切にできる人が、お金に大切にされる

第6章

男性で失敗しない

優しい女性ほど、お金で損をしやすい

第7章

お金を守る

自分の資産を持つということ

第8章

人生と豊かさ

お金と友達になって、
最高のサポートを受けよう

□賢い女性の一生、お金に困らないルール

01 □自分にしかできないことで、報酬はアップする

02 □「社会的立場」「資格」「才能」「家族」によって
女性の受けとるお金は変わってくる

03 □自分の人生は自分で選択する

04 □収入よりも支出が多くなるような生活はしない

05 □自分のコースを決める

06 □自分のキャリアを否定しない

07 □自分が一生で稼げるお金を計算してみる

08 □自分の好きなことをお金に換える

09 □「経済的自由」をいつ手に入れるかを考える

10 □「お金で買えるもの」と「お金で買えないもの」の
違いを知っておく

11 □人生のピークは、後半にずらせばずらすほど、
幸せになれる

12 □20代のうちに「貯める習慣」を身につけておく

13 □できれば、30代のうちに人生を軌道修正する

14 □40代のうちに経済的計画を立てる

15 □50代のうちに老後の準備をしておく

16 □60代以降の経済的自立と生きがいを手に入れる

17 □ パートナーの年収によって、女性の人生は変わる

18 □ いま稼げないことを悲観しない

19 □ お金の苦労をともにすることで夫婦の絆は強くなる

20 □ 日々の豊かさを優先すると、経済的自立は遅くなる

21 □ 経済力がありすぎると、結婚の機会を逃す

22 □ 子育ては親の喜び、子どもに期待しない

23 □ 子どもを持つメリット、デメリットを考えておく

24 □ 子どもは20代前半までに自立させる

25 □ 子どもに依存しない、依存されない

26 □ 夫婦のお金は、夫婦で守っていく

27 □ 離婚のメリット、デメリットを考えておく

28 □ 株式などの投資で、経済自由人になる日を
1日ずつふやす

29 □ 伸びる男性、会社、産業を見抜く目を養う

30 □ 転職も自分への投資と考える

31 □ 資格は、稼ぐ力に活かす

32 □ 自分にできることを広げていく

33 □ つき合う人で収入が変わる

34 □ 人間関係が広い人ほど、お金を引き寄せる力が大きい

35 □ 生涯現役をめざす

36 □ 年下の男性をペットにしない

37 □ カードローンは借金だと心得る

38 □ 自分の使える金額を把握する

39 □ 自分の生活費は自分で稼ぐ

40 □ お金の常識とルールを身につける

41 □ 節約して、お金持ちになった人はいない

42 □ 資産に資産をふやしてもらう

43 □ 50代からは、複数の収入源で生活する

44 □ 遺産相続について学んでおく

45 □ 一時的に得た収入で、人生を棒に振らない

46 □ 税理士、弁護士に何を依頼するのか知っておく

47 □ 兄弟姉妹と、お金について話しておく

48 □ 子どもたちには、兄弟姉妹間の友情を残してあげる

49 □ 若さは永遠でないことを知る

50 □ お金は「便利なツール」としてつき合う

51 □ 収入と支出のバランスが幸せのポイント

52 □ 豊かさ、幸せを自分なりにはっきりさせる

53 □ 生活のしかたは、いくらでも変えられると知る

54 □ お金との距離感が豊かさと幸せを決める

55 □ 周りの人たちに不義理をしない

第1章

社会とお金

お金と向き合うことから、本当の人生が始まる

これから、お金とどうつき合いますか？

あなたの報酬の金額は、あなたがどれだけ世の中に与えているかで決まってきます。

「私は会社員だから、給料は決まった額しかもらえません」

という人は多いと思います。

同じ会社員でも、どんな会社に勤めているかで、その報酬は変わってきます。

大きな会社と小さな会社、あるいは儲《もう》かっている会社と儲かっていない会社では、いずれも前者のほうが、社員の給与は高いはずです。それだけ、その会社が、世の中に与えているものが大きいからです。

けれども、たとえ大きな会社に勤めていても、歯車の一つとして、与えられた仕事をこなしているだけでは、それほど高い給料は望めないでしょう。

逆に、小さな会社であっても、儲かっているところであれば、あなたの貢献度《こうけん》によっては、高い給料が得られるかもしれません。

フリーランスで働いている人は、自分がクライアントと取り決めた条件で、報酬がもらえます。提供しているものが多ければ多いほど、収入は高くなります。

あるいは、自分が売り上げた金額のパーセンテージから収入が決まる人もいます。

不動産を所有している人は、それを貸し出すことで、家賃収入が得られます。

会社を経営している人は、そのビジネスから収入が得られます。

「親からもらう」「夫からもらう」という方法で、収入を得ている人もいるでしょう。

自分や家族が病気をしたり、その介護のために職に就《つ》くことができず、生活保護などのかたちで、「国からお金をもらう」こともあるかもしれません。

自分がどういうふうに報酬を得ているのか、お金のもらい方をしているかで、その金額も、人生の楽しさも違ってくると思います。

たとえば旦那さんが働いて、生活費の一切をまかなっている場合には、自分のお小遣いも、その給料のなかから出すことになります。その場合、「自由にお金が使えない」と思う女性は少なくないようです。

最近パートに出始めた専業主婦の人が、

「自分の化粧品くらいは自分で稼いだお金で買いたい。大げさな言い方をすると、それが自分の、人としての尊厳を守るのに大事なことなんです」

と言っていました。

結婚する前と後で違うのは、化粧品や服を買ったときに、恋人なら「きれいだね」とか「似合うよ」と言ってくれるのに、夫になると、「いくらだったの？」と言うようになる、というのを聞いたことがあります。

男性の立場からすると、それほど深い意味で言っているわけではないと思いますが、言われる立場からすると、詰問《きつもん》されたように感じるのかもしれません。

専業主婦になって、自分の収入がなくなってしまった場合には、居たたまれない思いにかられることもあるでしょう。

そんな思いをしたくないから働きたい、実際に働いている、という女性もいます。

そうして働いても、満足のいく報酬を得られるかというと、そうではないという人もいるでしょう。

将来のことを考えると、自分の報酬の低さを恨《うら》めしく思うことがあるかもしれません。

報酬を上げたければ、自分が与えられるものの質と量を上げることが、一番の早道です。

技術を磨いたり、特技を身につけたりして、「あなたにしかできないこと」がふえていくと、会社員であっても、フリーランスであっても、収入は上がっていくものです。

いまの給料では不満だとしたら、自分が何をすれば報酬アップにつながるのかを考えてみることです。

あなたにしかできないことを見つけましょう。そして、その才能を磨いて、多くの人に喜ばれるような仕事をやっていれば、自然と収入もアップしていきます。

そのとき、あなたはやりがいと収入の両方を手に入れることになるでしょう。

一生、お金に困らないルール

01 自分にしかできないことで、報酬はアップする

女性の収入は「社会的立場」「資格」「才能」「家族」で決まります

どうすれば、もっと稼げるようになるのか、という点では、小さい会社で働くよりも、大きな会社で働くほうが有利だというのは、お話しした通りです。

これから就職するのであれば、小さな企業よりも大企業や公務員を狙《ねら》うほうが、給与の面では恵まれているかもしれません。報酬には、給与の額だけではなく、福利厚生なども含まれるからです。

いま中小企業で働いている人は、大企業に転職すればいいかといえば、現実には難しいでしょう。学校を卒業して最初に就職する会社以上にお金を払ってくれるところは、日本ではなかなかないわけです。つまり、そのときに大企業に就職して、そのあと小さな会社に転職した場合、次にまた大企業に戻るのは、現実的には難しいでしょう。

女性が収入を得る方法には、次の4つの種類があります。

（1）社会的立場
（2）資格
（3）才能
（4）家族

（1）の「社会的立場」というのは、どんな会社で、どんな役職についているかということです。企業の社員や公務員であれば、毎月、毎年の報酬が約束されているのです。

（2）の「資格」というのは、たとえば、弁護士、税理士、司法書士、医師や看護師、薬剤師、介護福祉士、美容師、調理師、栄養士、保育士などの公的資格です。

また、ファイナンシャルプランナーや臨床心理士、コーチなどの認定資格や秘書検定、簿記検定などの「能力認定資格」も含まれます。

こうした資格を取得することで、就職が有利になったり、自分で開業したりということが可能になります。資格に応じて、最低限の報酬が保証されるようになります。

（3）の「才能」というのは、自分の得意なことで収入が決まってくるということです。作家や画家、ミュージシャン、アスリートなど、「才能」が認められて、それを生業《なりわい》としている人たちが、ここに入ります。「才能」というと、世界的に有名になるほどのレベルを想像してしまいがちですが、「普通の人よりも、それが得意」「それをするのが大好き」ということが「才能」です。

ピアノや書道の教師、塾講師、ダンスやヨガなどを教えて収入を得るというのも、「才能」によって報酬が守られているといえます。

また、似たようなものに、「才覚」というのがあります。スモールビジネスを切り盛りしたり、フリーランスで仕事をするのも、この才覚が必要となります。

（4）の「家族」というのは、夫や父親、または母親、子どもが稼いでいる場合、その妻であり、娘であり、母親であることが自分の報酬につながっているということです。

生活費や仕送りをもらうということは、家族の関係があってこそです。

企業の創業者の家族であるために、株主の一人として配当をもらうことがあります。稼ぐようになった子どもから、毎月仕送りしてもらうということもあるでしょう。

一生、お金に困らないルール

02

「社会的立場」「資格」「才能」「家族」によって女性の受けとるお金は変わってくる

私たちは、これまで説明した「社会的立場」「資格」「才能」「家族」によって、違った種類の収入を受けとって、生活しています。

しかし、それが永続するかどうかは、わかりません。

どんなに安定しているように見える大企業でも、倒産する可能性はあるし、資格も、時代の変化で、需要がなくなるものもあります。

才能があっても食べていけるとはかぎらないし、家族によって得られた収入は、その家族が病気になったり破産したりすることでなくなることもあります。

どのコースをとっても、それだけで一生安泰ということはないといえます。

諸事情で、女性の人生は翻弄《ほんろう》されるのです。

社会のしくみは、知っておいたほうがいい

いまの日本の経済は、資本主義で動いています。

「資本主義」とは――というと社会科の教科書のようになってしまいますが、女性のお金について考えるうえで、とても大切なことなので、きちんと説明しておきたいと思います。

現在の資本主義の原型は、15世紀頃のヨーロッパにその起源があるといわれています。

大きな船で海外と貿易をしたときに、その費用をみんなで出し合いました。そして、船が戻ってきて、船荷を売りさばいたあと、その儲けを出資額に応じて、分配したのです。

途中で船が難破《なんぱ》したら、出資したお金は、もちろん返ってきません。

もともとは1回限りだった事業が、継続的に行われるようになり、その事業の主体になった会社に、人はお金を投資するようになりました。お金を出した人を「資本家」と呼び、

事業で得た利益は、配当金として、資本家のもとに戻ってきました。この仕組みのことを「資本主義」というわけです。

資本主義のしくみを知ればわかりますが、「資本を持っている人が豊かになるようになっている」のです。

そして、この資本主義の世界では、その恩恵をたくさん被《こうむ》っている人は、人口の1%にも満たないといわれています。

資産を持たない人たちは、どうしているかといえば、かわりに日常的に働き、その労働の対価としてお金を受けとる「労働者」として生活しています。

「資本家」というのは株主のことですが、日本では、こうした人たちも一生懸命働いているので、ぱっと見たところでは、労働者とあまりライフスタイルが変わらないように見えるかもしれません。

日本の国民には、「教育させる義務」「納税の義務」「労働の義務」という3大義務が課せられていますが、そのせいか、働かないで報酬を得ることに対して、罪悪感を持つ人は少なくありません。

社会人になったら労働すべきだというのが、日本の常識になっているわけです。

けれども実際には、社会のなかで働いていない人たちというのは、案外多いのです。

たとえば、代々の地主、企業のオーナー、発明家、ミュージシャン、作家など著作権等の知的財産権で生活している人、親から財産を受け継いで、その配当所得で生活している人などは、普通の人たちから見れば「働いていない人たち」でしょう。

でも、そういうお金持ちは一部にかぎられていて、たいていの人は、どこかの組織に所属したり、自営で働くことで収入を得ている、というのが日本の現状です。

女性が働く場合、その雇用区分は「総合職」と「一般職」の2つに分かれていることがあります。以前、大企業のなかでの女性社員は、「定型的な業務」「補助的な業務」を担《にな》っていました。これが、いまは「一般職」といわれるものです。

「一般職」では、昇格の機会をなかなか与えられず、昇給の幅も、男性社員に比べると小さなものでした。

男女雇用機会均等法が制定されて、女性でも、男性社員と同じように昇格・昇給の機会があるというのが「総合職」です。

「総合職」は、転勤や出向の可能性もあるかわりに、給料も一般職よりも高めに設定されているのが普通です。

「自分は、それほど稼がなくていい」「一般職で、最低限の生活を保証してもらえればいい」という人もいるでしょう。

逆に、将来、「資本家」になることを選択するなら、20代や30代から資産をつくれるような仕事に就いたり、働き方をしていかなければなりません。

ここで大切なことは、あなたが、自分の人生を選択できる、ということです。

社会のしくみ、お金のしくみがわかっていれば、そのなかで自分の場所を定めて、そのために準備することができます。

「私は、自分の才覚で勝負したい」

「私はいい旦那（パートナー）をゲットする」

「私は資本を蓄積して、将来は、配当で暮らす」

どれがいい悪いではありません。どの道を選ぶかで、生き方が違ってきます。行き先を決めたうえで、自分がどう進んでいくべきかを考えるのです。

一生、お金に困らないルール

03 自分の人生は自分で選択する

この本は、お金持ちになるための本ではありません。あなたが将来、どれくらいの資産、収入を持ちたいのかを、自分に問う本です。

あなたには、自分らしい生き方を選ぶ権利があります。

それは、もちろんあなた次第ですが、まずは、その選択肢を広げてみましょう。

もし、あなたのお父さん、お母さんが労働ベースで生きていたら、残念ながら、資本家になる道を教えてはくれないでしょう。教えたくても、教えられないのです。

最初から、「資本家になる」という選択がなく労働者になるのと、「資本家になる」選択肢もあるなかで労働者になるのでは、その後の人生の充実度が違ってきます。

あなたは、どんな生き方をしたいですか？

お金との距離を、どうとりますか？

結婚したら、仕事を辞めて家庭に入るのが当たり前だった時代には、専門性のある職種に就いていたり、仕事ができる女性に、女性たちは憧れたものでした。

いまは、結婚しても仕事をするのが当然になっているせいか、20代では3人に1人が、「専業主婦」を希望していると聞きます。

仕事で頑張るより、家庭や家族を大事にしたい、ということのようですが、別の視点から見れば、それを許される環境にある人が少ない、ともいえるでしょう。

あなたは、どうでしょうか。

できれば家にいて、専業主婦でいたいでしょうか。それとも、できるだけ外に出て、仕事を続けていきたいでしょうか。

女性がどう生きるのかに関して、正解は一つではありません。自分が望む生き方であるなら、そのどれもが、その人にとって正解だといえるでしょう。

結婚して子どもを持つと、教育費がかさんだり、家を購入したりして、旦那さんの給料だけではまかなえない、ということが起きてくるかもしれません。

専業主婦や家事手伝いの場合は、扶養してくれる人の収入がなくなったとたん、路頭《ろとう》に迷うことになります。

そういったことを考えると、何があっても自立できるような経済力をつけておくのは必要なことではないでしょうか。

ある専業主婦の女性は、英語講師の資格を持っています。

「これがあれば、家で子ども向けの英会話教室を開けるんじゃないかなと思って」

と言っていましたが、実際に働く、働かないはともかく、そうやって、いざとなったら稼げる道をつくっておくことは大切なことです。

また、結婚していない女性は、両親と暮らしている人も多いでしょう。

勤めに出ていて毎月お給料をもらっていれば、経済力はあるはずですが、家のことは親にまかせきりで、家事ができないのはともかく、家賃を払ったこともなければ、光熱費がいくらか、といったことも知らない人も少なくありません。

給料はすべてお小遣いになり、家賃を払う必要もないとしたら、そのときは得しているような気分になるかもしれませんが、無駄遣いのクセがついて、逆に経済的自由からは遠のいていることに本人は気づけないのです。

ひとり暮らしをしていたら、自分で家賃や光熱費を払って、慎《つつ》ましやかに生活するクセが知らず識《し》らずのうちに身につくものですが、給料の全部を使ってもいいとなると、いまの経済力では本当は買えないような贅沢品に目が行くようになります。

そういう生活を続けてきた女性は、結婚して夫婦ふたりの生活を始めることをイメージしても、旦那さんだけの給料ではとても生活していけないという不安を感じます。そして、相手に好意を持っていても、なかなか結婚に踏み切れない、といったことになります。首都圏で晩婚化が進んでいるのは、じつはこうした背景があるからでしょう。

それはともかく、生活の基本は、収入よりも支出が上まわらない、ということです。これができていれば、経済的に破綻《はたん》するということはありません。

ところが、実家にいることによって、お金をたくさん使うクセがついてしまい、少ない金額では生活できないとなったら、それが未来の不幸へつながりかねません。

実家にいることは悪いことではありません。ひとり暮らしをしている、していないにかかわらず、常識的な経済観念を持つことを心がけるようにしましょう。

大金持ちの人は、使い切れないほどのお金を持っているわけですが、何でもかんでも買うようなことはしません。本当に必要なもの、価値があると思えるものを、その価値にふさわしい値段で手に入れる、ということが習慣になっています。

持っているお金の多い少ないよりも、正しい経済観念をつねに持っているということが、経済的自由を手にするためには、とても大切なのです。

一生、お金に困らないルール

04 収入よりも支出が多くなるような生活はしない

女を磨くか、知識を身につけるか、人間を磨くか、体力で勝負するか

「結婚したら、お金を稼ぐのは旦那さんに担当してもらいたい」と考える女性がいます。

けれども、いまの若い男性は弱っていて、それは難しいかもしれません。

一昔前なら、男性と女性では、体力的にも差がありましたが、いまはどうでしょう。女性でも、男性以上にバリバリ働く女性が出てきました。男性でなければできないとされていた仕事に、女性が就くこともめずらしくなくなっています。

「男性に頼っていられないかもしれない」

あなたも、そのことに薄々《うすうす》気づいているのではないでしょうか。

そのなかで、「積極的専業主婦」の道を進みたいという人は、それだけの経済力を持ったパートナーを見つけなければなりません。

いまの日本では、きわめて希少な独身男性ですから、ただボーッと待っているだけでは、彼を射止めることはできません。

「積極的専業主婦」になるためには、若いうちから、女を磨いていくことです。

一生、お金に困らない人生を手に入れるには、次の4つのコースがあります。

（1）女を磨く
（2）スキル、知識を身につける
（3）人間を磨く
（4）体力で勝負する

「女を磨く」のは、質の高い男性にめぐり合うためです。「質の高い男性」とは、経済力があり、あなたの好きなこと、したいことに理解があり、なにより、あなたを一人の女性として認め、尊敬し、愛してくれる人です。

「スキル、知識を身につける」というのは、自分の才覚で生きていくということです。人によっては、「頭」を使う仕事ではなく、「手」を使って、職人的な仕事をしていくというこことかもしれません。職場で一目置かれるような存在になるというのも、この道です。「人間を磨く」というのは、人間的にすばらしい人物になることです。人柄がすばらしいと、いい仕事をまかせられることになります。人間関係のよい人は、お金に困ることはないのです。そのためには、「人間を磨く」努力をしていくことでしょう。

「体力で勝負する」とは、文字通り、肉体労働系の仕事をするということです。スーパーのレジ係や、工場に勤めたりといった体を動かす仕事です。報酬は、一般的なオフィスワークよりも低くなりがちです。運転などの技術がなければ、最低賃金に近い報酬しかもらえないことがあります。

自分はどのコースを行くのか、じっくり考えましょう。

一生、お金に困らないルール

05 自分のコースを決める

これまでに、どんなものを積み上げてきましたか？

将来の自分の報酬や社会的なポジションを上げるには、どうすればいいか、という話をすると、「自分はあまり関係ない」と感じてしまう女性は少なくありません。

たとえば、専業主婦からビジネスを起こすような女性や、たまたま就職した会社で才能を発揮する人と比べて、「自分なんか、才能もないし……」と思ってしまうのです。

まず、その誤解をといてほしいと思います。

この本では、『賢い女性の「お金の稼ぎ方・ふやし方・守り方」』というテーマでお話ししているわけですが、もしもあなたが、本当にダメな人なら、この本は手にとっていないと思うのです。

世の中に起こることは、すべて必然だというのはよくいわれることですが、それを信じるなら、あなたがこの本を手にとったのも必然だと考えてみましょう。

あなたが意識している、していないにかかわらず、いまの自分にきっかけを与えるものとして、この本を手にとってくださったと私は思います。

いま、あなたは、社会に出て、まだ間もない新人かもしれません。あるいは、ベテランといわれるまでに、キャリアを積んできたかもしれません。もしかしたら、子育てを終えて、仕事を再開できないかと考えているところかもしれません。ある程度、人生の大きなイベントを終え、第二の青春を謳歌《おうか》しているかもしれません。

一人ひとりの環境や経験は違っても、この本を読んでくださっている方たちに共通していることが一つあります。

それは、どの人も、今日まで何かしら積み上げてきたものがあることです。

たぶん、積み上げたものは、人によって違います。

学校や親に教えられてきたことかもしれません。仕事のキャリアかもしれません。子育てという経験かもしれません。

どんなことにせよ、自分をふり返ってみることです。

そこから、あなたは何を学びましたか？

断言しますが、「私には何もない」ということはないはずです。

これまでの人生が、たとえ失敗続きだったとしても、何らかの経験（キャリア）を、あなたは積み上げてきたのです。家に引きこもって社会的な経験のない人は、エネルギーを蓄積してきたと思ってください。

その積み上げてきたものが、これからのあなたの人生を動かしていきます。

その経験をどう活かしたり、お金に結びつけていくかが大事です。

あなたが18歳ぐらいから何をやってきたか。それを書き出してみましょう。

きっと、何かが見えてきます。

一生、お金に困らないルール

06 自分のキャリアを否定しない

ある日突然、貧困層に陥ることも想定しておきましょう

いま、あなたは、どのようなかたちでお金を得ているのでしょうか。

従業員として、毎月お給料をもらう生活なのか、フリーランスで働いているのか。

会社を経営していたり、投資家としてやっていたりという人もいるでしょう。

主婦でパートに出ている人もいれば、旦那さんのお給料で生計を立てている、親に援助してもらっている、という人もいるかもしれません。

報酬のもらい方、お金とのつき合い方には、人それぞれ、いろいろなスタイルがあると思いますが、このペースで自分が60歳頃までお金を稼ぐとして、一体どれだけ稼げるでしょうか。

会社員であれば、「生涯年収はこれだけ」というのが、ある程度計算できるでしょう。

アルバイトやパートであれば、日々働ける時間に時給と日数を掛ければいいわけです。

もちろん計算通りにいかないのが人生です。旦那さんがリストラされたり、離婚したり、あるいは災害に見舞われたりということでも、計算は狂ってしまいます。

総務省統計局のデータによれば、わが国のシングルマザー世帯は100万世帯を越えていますが、そのシングルマザー世帯の貧困が社会的な問題となっています。

「シングルマザー」というと、未婚で子どもがいる女性だと思う人が多いかもしれませんが、8割はパートナーとの離別によるものです。

シングルマザーの母子世帯の収入は、子どものいる世帯の平均の約3分の1しかありません。離婚によるシングルマザーの母子世帯は、それまでの生活の半分にも満たない収入で、子どもを育てていかなければならないわけです。

こうした現実を知っておくことです。自分がそうならないともかぎらない、ということもありますが、お金の現実を知ることで、いまの生活を見直すきっかけにもなるでしょう。

いまは離婚の予定もなく、旦那さんが稼いでくれている、あるいは親からの援助がある、自分がフルタイムで働いている、という人でも、そのまま、いまの年収が続くという前提

一生、お金に困らないルール

07 自分が一生で稼げるお金を計算してみる

でお金を使っていたら、その前提がなくなった時点で、たちまち干上《ひ》がってしまいます。

貧困に陥るということが、あなたの身に起こらないという保証はないわけです。

いま自分が、どれだけ稼げるのか。これから、いくら稼げるのか。

これを機会に、そのことを考えてみてください。そして現在、余裕があるのであれば、そのあいだに、将来のことを考えたり、勉強したり、手に職をつけたりしておきましょう。

お金のことは困ってからでは遅いのです。困るだいぶ前に用意しておかなければ、いざというときに、不快な目に遭います。

不快ではなくても、不便であるのは、間違いないでしょう。

好きなことで、お金を稼ぐこともできます

あなたは、これから何をして稼いでいきたいと思いますか。

いま働いている場所は、あなたが働きたい場所でしょうか。

いまの仕事は、あなたが好きでしていることでしょうか。

いずれはパートナーと相談して、自分は働かないで生活したいという人もいるでしょう。

できれば自分の好きな道に進んで、それを仕事にしたいという人も多いでしょう。

道はそれぞれで、それこそ人の数だけ好きな道はあります。

たとえばテニス、手芸、料理、写真など、それで稼ぐというのではなく、セレブの主婦として、好きなことをただ楽しむという道もあります。

趣味を活かして、主婦的なビジネスをスタートさせる、という道もあります。

一生、お金に困らないルール

08 自分の好きなことをお金に換える

趣味のパンづくりやお菓子づくりが高じて、パンやお菓子の販売を始めたり、生け花、ピアノ、英語、料理、着付けなどの教室を開いて家計を支えるという道もあります。

絵画や編み物、洋裁の趣味を作品にして、個展を開いたり、お店に置いてもらったり、ネットにアップして販売するということもできるでしょう。

誰もがインターネットやSNSを利用するいまの時代は、そうしたことが一昔前よりもずっと簡単に始められるようになっています。

どんなふうに人生を選択していくのか。それを考えることで、自分の好きなことが、どれだけお金になるのか、ならないのかということもわかってくるでしょう。

あなたの好きなこと、才能をお金に換えるという生き方の可能性も探ってください。

働かなくても、お金に困らない人生を手に入れるには？

あなたがいま何歳かはわかりませんが、将来、死ぬまでのあいだに経済的自立を果たしたいかどうか、ということを、この章の終わりに聞いてみたいと思います。

私の知人のおばあちゃんのことですが、生前、持っていたお金のほとんどを子どもたちに分けていて、亡くなって、お葬式などの精算をすべて済ませると、預金通帳の残高は、1000円を切っていたそうです。

その話を聞いて、人生の達人とはこういうものだと思いました。

人はみな裸で、何も持たずに、この世の中に生まれてきます。

一生のあいだに、いろいろなものをつかんだり、手放したりしながら、そうして最期のときを迎えるわけです。

あなたはいくらぐらいのお金を残して死ぬか、考えたことがありますか？

最期のときを考えると、死ぬまで使わないことになるお金もあるわけです。もったいないと感じるかもしれませんが、お金持ちの人は、一生引き出さない預金があるのです。

あなたは、どれくらいのお金を何歳ぐらいまでに貯めたいですか？

また、何歳で経済的な自由を手に入れたいですか？

男性だと、こういうことを考えている人が少なくありませんが、女性の場合は、「考えたこともなかった」という人がほとんどではないかと思います。

「経済的自由」とは、一生働かなくても困らない、好きなことをして暮らせる自由です。

いくらあれば経済的自由を手にできるかは、人によって違います。

たとえば、一年に2000万円あればいいという人と、2000万円は欲しいという人がいます。どこに住むか、どういう生活をするかで、必要な金額は変わってくるでしょう。

いま自分が何歳かで、これからの人生がどれくらいあるかが想定できます。

50歳で経済的自由を手にするとして、たとえば80歳まで生きるとしたら、30年分の生活費が必要になるわけです。

そう考えると、お金はいくらあっても足りないように思うかもしれませんが、そこをきちんと計算してみるのです。

宝くじで、「6億円」が当たったと仮定して、その使い途《みち》を考えて書き出してみたら、全額は、とても使い切れなかったという人がいました。

つまり、その人に6億円という大金は必要ないわけです。

自分がどういう生活をしたいのかがはっきりしてくると、必要なお金も具体的な数字として見えてきます。

会社に勤めていたら、定年を迎えるときが来ます。そのときにもらう退職金と年金で、老後は生きていけるというのが、昭和のライフモデルであり、いまの年金制度です。

けれども、これから先、「年金がもらえるから安心」と思っている人は、危機感がなさすぎます。あとで「こんなはずじゃなかった」ということにならないためにも、いまから準備しておきましょう。

いまは、まだ経済的に自立していなくてもいいのです。若いうちは、老後のためにお金を貯めることも、私はそれほど必要ではないと思っています。

人生は何を体験していくかで変わっていきます。そのために、お金を使うことは悪いことではないでしょう。

けれども、ただ目の前のことに手持ちのお金をすべて使ってしまっていては、一生、経済的に自由になることはありません。

働かないでいい経済的自由を、何歳のときに手に入れるのか。

あるいは、一生そんな自由はなくてもいいのか。

このあたりのことを真剣に考えてみてください。

すると、いまから何をしなければいけないか、何を学ばなければいけないか、どういう道を選択するべきかが見えてきます。

一生、お金に困らないルール

09 「経済的自由」をいつ手に入れるかを考える

第2章

お金の価値

いまの自分、将来の自分に
必要なお金とは

お金で買えるもの、買えないもの

ここで、お金で買えるもの、買えないものについても考えてみましょう。

お金にまつわる悲劇と喜劇は、お金で買えるものを買おうとせず、お金で買えないものを買おうとすることから起こります。

たとえば信頼は、ある程度なら、お金で買うことができます。つき合う人と、どんなときでもプラス勘定になるようにしておくと信用されやすくなります。

いつも、自分がお金を少なくもらう、あるいはお金を多く出すことによって、周りの人は、よりあなたのことを信頼できる人物だと評価してくれるでしょう。

もちろん人間性なども大切ですが、時間をしっかり守り、お金に関してクリーンなつき合いをしていれば、たいていの場合、うまくいくものです。

逆に、買えないものに、友情や愛情があります。

お金を使いすぎることが、かえって友情にヒビを入れることがあります。それは、友情には対等性が大事だからなのでしょう。

愛情に関しても、何でもお金で解決するようなタイプの人は嫌われます。見栄を張ったり、無理しているように見られても、関係はマイナスになります。

なので、お金の使い方に関しても、スマートなセンスが必要になってきます。

相手に、いいタイミングでプレゼントを贈ったり、素敵なレストランを予約したりすることで、相手に喜んでもらえる可能性は高まります。

お金がなければ、オプションがグッと減りますが、お金を使えたら、いろいろとアプローチする方法がふえます。

また、お金があれば、いろんな場面で便利です。東京から大阪に行くのに、お金がなければ、歩いていくか、ヒッチハイクするしかありません。でも、お金があれば、新幹線や飛行機に乗っていくこともできます。

海外旅行に行く、快適な生活をする、素敵な洋服を買うためにも、お金は必要です。

興味深いのは、人によって、お金を払ってもいいと思う対象も、必要な金額も全然違うということです。

あなたは、どういうときに、もっとお金を使ったほうがいいでしょうか？

そして、どういうときにお金に頼らずに、別の方法で工夫するべきでしょうか？

お金と幸せにつき合うためには、このあたりの自分のポリシーをはっきりさせておくことです。

自分がお金を使ってワクワクするとき、周りの人に喜んでもらえるときは、どんなときでしょう。

そういったことを具体的に考えながら、お金との距離を健康的に保ちましょう。

一生、お金に困らないルール

10 「お金で買えるもの」と「お金で買えないもの」の違いを知っておく

人生のピークをどこに持ってくるか、考えましょう

世の中には、20代、30代で、きらびやかな成功をする女性もいます。

そういう人は、その後、ずっとそのまま成功人生をまっしぐらかというと、そうとはいえないのが、人生の面白いところです。

早く成功したからといって、一生幸せが続くとはかぎりません。せっかくチャンスをつかんだにもかかわらず、途中で息切れする人のほうが多いようです。

なぜ、潰《つぶ》れてしまうかといえば、それは「傲慢《ごうまん》な勘違い」のなせる業《わざ》です。

自分の成功を、自分だけの力だと思ってしまうのは、勘違いです。

どんな偉業も、一人だけでは成り立ちません。

けれども、若いうちに成功した人は、そのあたりのことがわからないのです。

一生、お金に困らないルール

11 人生のピークは、後半にずらせばずらすほど、幸せになれる

人生のピークをどこに持ってくるか、というのは、人生設計において大事なことです。

人生のピークは、後半にずらすほど、幸せは長続きしやすいと私は考えています。

20代、30代のあいだは自分に投資して、40代以降に成功したほうが、成功は安定します。

お金のことを考えるときには、「生涯年収」を意識しておくといいでしょう。

たとえば、女性は、育児や介護で数年お休みするという人もいますが、それが一段落してジョブマーケットに戻るときに、時給いくらで働けるでしょうか？

パートの仕事で最低賃金をもらって生きるのか、年収1000万円から再スタートできるのかでは、まったく、その後の経済状態も違います。

その差は、20代から、その人が何を積み上げたかによって出てきます。

20代——お金を貯める習慣をつけましょう

20代で、「お金を貯めなければいけない」と思っている人は多いかもしれませんが、私はあまり、その必要はないと考えています。

前の章で、人生は何を体験してきたかで決まるというお話をしましたが、10代、20代は、まさに、体験できることは何でも体験しておくべき年代だからです。

この時代には、お金を貯めることよりも、体験を優先するほうが、のちのち人生は面白くなります。

ただ、無理に多額の貯金をする必要はありませんが、10代の頃から定期的に貯金の習慣をつけておくことは大切だと思います。

お金に余裕ができたら貯金をするという考えの人がいますが、お金はいくらあっても、十分だということにはならないものです。その時々でお金が必要になることができて、「余裕ができる日」はなかなかやってきません。

貯金は習慣のなせる業で、毎月1000円でもいいので貯めていく、ということが大事です。

会社員の女性で、10代の頃からコツコツ貯金して、20代で1000万円を貯めたという人がいますが、それだと人生の楽しいことの大半を逃してしまっている可能性があります。洋服や化粧品、飲み会や旅行にお金を使うのは無駄遣いだと考える人がいますが、そんなことはありません。分不相応な高価なものを買うのでなければ、自分を美しく飾ったり、楽しい時間を過ごしたりするためのお金は、決して無駄ではありません。

10代、20代にしかできないことがある、というのは、その年代を通りすぎた30代、40代になって気づくものです。

第1章で、生き方、稼ぎ方には、いろいろなスタイルがあるというお話をしましたが、いろいろ経験するなかで、自分には、どんなスタイルが合っているかもわかってくると思います。

安定した働き方がいいのか、資格に守られるのか、才能を開花させるのか、あるいは女性としての自分に投資して、経済力のある男性と結婚するのかなど、自分はどのルートで行くのか。10代、20代で考えておきましょう。

そのためにも、いろいろ経験することが必要なのです。

ところで、20代のときに一つだけ注意しておいてほしいことがあります。

それは、女性の20代はバブルのようなものだということです。若いということで、ごちそうしてもらったり、プレゼントをもらったり、ということがあります。けれども、バブルは必ず崩壊《ほうかい》します。バブルの時代はとっくに終わっているのに、いつまでも、それが続いていると勘違いしてしまうと、いずれ、30代以降に痛い目に遭います。

一生、お金に困らないルール

12 20代のうちに「貯める習慣」を身につけておく

30代――人生をプランニングしましょう

20代までは、高校や大学時代の友人に会っても、学生時代のままの関係が続きます。

現実には、大企業に就職した人、中小企業に就職した人、自分の家で家事手伝いをしている人では生き方が違っているはずですが、それほど大きな差にはなっていないので、以前と変わらないつき合いができるわけです。

ところが30代になると、自分の「社会的身分」というものが、だいたい決まってきます。

学生時代の友達と会っても、

「なんだか、話が少し合わなくなってきた」

と感じ始めるのが30代です。

結婚しているかいないか、子どもがいるかいないかで、女性の30代は大きな違いが出てきます。結婚している人同士でも、旦那さんの年収によって、買い物をする場所も、美容院に通う回数も変わってくるわけです。

そこで初めて、友達に対して優越感を持ったり、あるいは、うらやむ気持ちが湧いて、自分の人生を恨《うら》めしく思ったり、ということも出てきます。

仕事を続けるにしても、20代の頃と変わらないような仕事をしている人もいれば、役職がついて、大きなプロジェクトを動かす人もいるでしょう。

親の介護や子育てのために、自由時間がまったくない人もいれば、親の経済圏のなかで、20代の頃と少しも変わらない、のんきな生活を続けている人もいます。

いま自分はどこにいるのか、社会的にどの位置に属しているのかということを冷静に見ましょう。そして、その場所でいいのかということを、自分に聞いてみてください。

友達と会ったときには、相手のことをうらやましく思うことがあっても、よく考えてみれば、それは、自分が望んでいる生き方とは違うことに気づくかもしれません。

自分と同じような状況の友達が、愚痴ばかりこぼすのを聞いて、「これは私だ」と思ったという女性もいました。このまま不満のままではいけないと一念発起《いちねんほっき》して、そこから人生を変えることもできるのです。

まだ逆転のチャンスがあるのが30代です。

もしも、自分の思う通りの人生になっていないとしたら、ここで人生を軌道《きどう》修正していきましょう。

「これからの人生を、どうプランニングしていくのか」

それをここで考えておかないと、40代以降にストレスが多くなります。

いま、40代以降の人も、本気で決めれば、まだまだ変わることは可能です。

ですが、これまでに身につけてきた習慣、考え方、生き方をすべて変えていくことは、多くの場合、痛みを伴います。本気で変えたいなら、自分と真剣に向き合いましょう。

一生、お金に困らないルール

13 できれば、30代のうちに人生を軌道修正する

40代――生涯賃金を考え、将来に備えましょう

30代では逆転も可能でしたが、「だいたい先が見えてきた」と感じるのが40代です。

40代になると、自分の生涯で使えるお金というのが、おおよそ見えてきます。

たとえば旦那さんが会社に勤めていたら、定年までにもらえる給料の総額は、だいたい計算できるはずです。

自分が働いている場合でも、まったく同じです。これから定年までのあいだにどれだけお金が稼げるか、だいたい予想できるでしょう。

自分の生涯賃金を割り出したところで、必要なお金、使えるお金も計算してみましょう。

結婚する、しない、子どもがいる、いないでも、だいぶ違ってくるはずです。

多くの場合、20代、30代で贅沢に慣れていると、40代で急に財布のひもを締めるのは、

難しいものです。

30代くらいまでは、経済的に安定していなくても、40代になったら、よくも悪くも、落ち着いてきます。それほどの収入がない場合でも、低空飛行で、いまの収入でまかなえる範囲で生活すれば、大きな借金をするようなこともないでしょう。

ところが、傍《はた》からは決して困っているようには見えない人でも、じつは家計が破綻スレスレの40代は少なくないようです。両親が裕福だった人は、その頃の生活が忘れられず、いまの自分の収入に見合わない、贅沢なお金の使い方をしてしまいがちです。

その結果として、家計が破綻してしまう人が出てくるわけですが、そうならないように、これからの経済的な計画を立てる必要があります。

一生、お金に困らないルール

14 40代のうちに経済的計画を立てる

50代――老後のことを考え始めましょう

50代の会社員の場合、定年まであと10年。それが、稼げる最後の10年になります。結婚して子どもを育てながら、会社員として全《まっと》うするというのは、たとえ夫の協力があったとしても大変なことだったでしょう。子どもが小さいうちには、それこそ何度も、「いっそ退職してしまおうか」と思ったのではないでしょうか。

独身で会社員をやってきた人は、いまになって「別の人生があったのではないか」と考えることもあるかもしれません。

役職についたりすれば報酬も少なくないかもしれませんが、そうでなければ、20代、30代の女性たちと、それほど変わらない給料で働いているでしょう。

贅沢しなければお金に困ることはないかもしれませんが、自分が病気にでもなれば、生活はあっという間に立ち行かなくなるかもしれません。

自分でビジネスをスタートした人の場合、ビジネスがうまくいっているか否かで、収入は大きく変わってきます。

50代は、これからやってくる老後に備える時期でもあります。

世界一の長寿国である日本の女性にとって、定年退職後は、平均寿命を生きるとしたら、それから20年以上の時間があるわけです。定年以降に稼げるのか稼げないのか、お金はどれくらい必要なのか、どのようにして稼ぐのか。あれこれ準備をするのが、50代ともいえます。

一生、お金に困らないルール

15 50代のうちに老後の準備をしておく

60代以降──女性としての幸せをつかみましょう

60代のあなたは、どんな生活をしているでしょうか?

いまの仕事を続けているでしょうか?

定年になって、会社は辞めてしまっているでしょうか?

新しい仕事を始めている可能性はありますか?

パートナーはいるでしょうか。いる場合、その人との関係は、どうでしょうか?

子どもや孫はいるでしょうか? 一緒に住んでいるでしょうか?

生活は何で支えているでしょうか? 年金でという人もいれば、パートをしている人もいるかもしれません。新しいビジネスで稼いでいる人もいるかもしれません。

日常の暮らしは、どんなものでしょうか?

パートナーと一緒に、世界中を豪華に旅しているという人もいるかもしれません。

会社を辞めてからは、花を育てるくらいしか楽しみはないという人もいるでしょう。

地域のボランティア活動にはまっている、という人もいるかもしれません。

60代になってから、新たな収入源がふえることは、あまり期待できません。いまのお金をどう守っていくのかが大切になってきます。

自分が死ぬときまでを計算して、無駄遣いしないように慎ましやかに生きるのか、新たなお金の流れを生み出して生活を豊かにするのか。どちらの道を選択するかは、女性として、あなたが何を蓄積してきたか次第です。

70代、80代になっても、その年齢にはとても見えない若々しい女性がふえています。60代以降で、新しいビジネスをスタートすることは、いままでの常識からいえば信じられないことですが、その年齢になったからこそ、貢献できることもあるはずです。

たとえば、子育てに人生を費やしてきた人は「保育ママ」になるなど、近所の子どもを預かるということも可能かもしれません。

ボランティアで老人ホームに行っているという人もいます。介護のような体力が必要な仕事はできなくても、そこにいる方たちのお話し相手になるという仕事があるのです。

そうしたボランティアに登録するのは、老後にこそできることではないでしょうか。

カルチャーセンター等で、自分が専門にしてきたことや、趣味で続けてきたことを教えているという人もいます。

ボランティアではなく、ビジネスをやることだって可能です。

あなたがこれまで続けてきたことが、60代以降の収入につながる可能性があります。

そうなるように、20代、30代、40代、50代にできることをしておくことで、60代以降の経済的自立と生きがいを手に入れられるでしょう。

60代以降をどう過ごせるかは、それまでの生き方にかかっているのです。

一生、お金に困らないルール

16 60代以降の経済的自立と生きがいを手に入れる

第3章

結婚と離婚

パートナー次第で、生涯年収は大きく変わる

結婚しても、お金の心配はなくなりません

女性の人生を見たときに、大きく分けて、ひとりで生きていく生き方と、パートナーと一緒に生きていく生き方の2つがあると思います。

結婚して専業主婦になれば、旦那さんの稼ぎだけで生活していくことになります。自分が働かなくても、毎月給料が振り込まれるので、ひとりで生きるよりも、楽な感じがするかもしれません。

日本の専業主婦率は、地方よりも首都圏のほうが高いそうです。イメージとしては逆のように思えるかもしれませんが、たとえば首都圏では、子どもを育てながら女性が働くことは、保育施設などが足りないなどの理由から、それほど簡単ではありません。これが地方になると、親や兄弟姉妹などが近くに住んでいる人が多いので、子どもの面倒を見ても

らいやすいようです。結果として、子どもがいても女性も働きつづけられる、というわけです。

ところで、専業主婦になるには、夫の年収が800万円は必要だといわれています。実際に、夫婦共働きであれば、二人の年収の合計は、同じくらいになるでしょう。

結婚相談所などで、独身の女性が相手に望む年収は、「600万円以上」を挙げる人が多いようです。

けれども、独身男性で600万円以上の年収がある人は、全体の5％くらいしかいないというのが現実です。そういう現状で、安心して専業主婦になっていられる年収800万円の男性を見つけるのは至難の業です。

男女ともに晩婚化が進んでいるのは、こうした背景があるからですが、結婚した人たちが、この問題をクリアしているかというと、そんなことはないでしょう。

つまり現実には、多くの人が年収400万円前後くらいの相手と結婚するわけです。

結婚すれば、お金の心配がなくなるかというと、答えはNOです。むしろ心配の種は大きく、ふえていくかもしれません。

年収400万円の人と結婚しても、自分も働いていれば、困窮《こんきゅう》するということはないでしょう。二人で働いている分、独身時代より生活の余裕は持てるかもしれません。

けれども、子どもができたら、どうでしょうか。保育所の問題などで、仕事を辞めなければならないことも出てきます。そうなると、世帯年収は一気に半分になるわけです。

では、専業主婦でいたら豊かになれないのかといえば、そういうことでもありません。パートナーが経済的に稼げる人か稼げない人なのか、あるいは本人にお金の才能があるかないかによって、豊かさは全然違ってくるわけです。

収入が高い人と結婚すると、女性が仕事をしない確率は高くなります。そのまま専業主婦を全うできればいいのですが、何が起こるかわからないのが人生です。

たとえば離婚や死別で、稼いでくれる男性がいなくなってしまったら、どうなるでしょうか。仕事から何年も離れていた場合には、再就職を望んでも、たいした仕事に就けないということは大いにあり得ることです。

また、愛情があれば貧しくてもいいのかというと、お金がないと不便なことがいっぱいあります。

一生、お金に困らないルール

17 パートナーの年収によって、女性の人生は変わる

20代のときには、それでもいいかもしれませんが、30代になって子どもにお金がかかるようになると、「愛情だけで、結婚するんじゃなかった」と後悔する人も少なくないようです。

女性の経済的状況は、結婚するかしないのか、また、結婚しても相手の経済状況によくも悪くも大きな影響を受けます。

お金を稼ぐのが得意なパートナーと、そうでないパートナーのどちらと結婚するかで、人生が全然違ったものになります。

もちろん、結婚生活にお金がすべてだとは言えませんが、大きな影響があることは間違いありません。あとで後悔のないように、結婚とお金についても考えておきましょう。

積極的専業主婦と消極的専業主婦の2種類の生き方

いまの40代、50代の世代の女性たちが20代の頃には、女性は、結婚か仕事かのどちらかの生き方を選択しなければならない傾向がありました。

結婚して子どもを産んでも働く女性たちはいましたが、子どもは母親が育てるものという考えが、社会にも、女性たち自身にもあって、そういうなかで仕事を続けていくことは、いまよりももっと大変だったと思います。

逆の見方をすれば、女性は結婚して子どもを持ったら、専業主婦になるのが普通で、いまの20代、30代の女性たちから見ると「うらやましい時代」だったという人もいるかもしれません。

女性の生き方が多様化し、結婚したら旦那さんの給料だけで生活していく、という時代ではなくなりました。

自分は外で働くよりも、家族のために家のことをしているほうがいい、という女性もいるわけです。そういう女性たちを私は、「積極的専業主婦」と呼んでいます。

地方に比べて首都圏のほうが専業主婦が多いという背景には、「働きたくない」もしくは「働かなくてもいい」というのではなく、「働きたくても働けない」という事情があります。

地方では、親や姉妹が近くに住んでいるために、家事や育児で協力してもらえる環境があります。首都圏では、親に頼みたくても遠くにいたり、親自身が仕事を持っていたり、ということがあって、助けてもらうことが難しいという人もいます。保育施設の不足については、政府も改善策を講じているものの、待機児童の数は依然として減ってはいないというのが現実です。

結果として、子どもを育てるため仕事をあきらめざるを得ない女性たちは少なくありませんが、これは、子育てだけでなく、家族の介護が必要になった場合も、同じことが起きているでしょう。

そうした事情から専業主婦にならざるを得ない人たちを、私は「消極的専業主婦」と呼んでいます。

人生は、思い通りにならないことの連続です。あなたから見れば、何の問題もないように見える人でも、その人なりに、「うまくいかないこと」を抱えているものです。

だから、「積極的専業主婦」がよくて、「消極的専業主婦」が悪い、という話ではありません。

いま専業主婦だとしたら、自分はどちらのコースなのかを、まず見てみることです。「積極的専業主婦」なのか、「消極的専業主婦」なのか。それによって、いまできること、いまからできることが違ってくるはずです。

いまできないことを、一生できないことと決める必要はありません。

自分が何をしたいのか、何をしていきたいのかを考えてみるのです。

「私は積極的専業主婦だ」と思えたら、家族のために当たり前にしていることが、自分の生きがいや才能につながっていることに気づくかもしれません。

いまのうちに、いまだからこそできることにも気づけるかもしれません。

一生、お金に困らないルール

18 いま稼げないことを悲観しない

大切なのは、いまの道しかないと思って、人生をあきらめないことです。

あなたには、あなたにできることがある。それに気づいてください。

専業主婦は、フルタイムで仕事をしている人よりは、時間に余裕があります。

その与えられた自由な時間を活かして、スキルを身につける、人脈を広げていく、いざとなったら、仕事を再開するといった心構えが必要です。

10年のあいだに、「すっかり仕事ができない人間」になってしまう女性もいますが、即戦力になる女性もいるのです。

あなたは、どちらになりたいですか？

あるいは、どちらになりそうですか？

別会計の夫婦は離婚する確率が高くなります

共働きのカップルで、夫婦別会計にしている人は少なくないようです。

お互いに、相手がいくら稼いでいるのか知らない、という関係ですが、私の個人的な印象では、そういう二人は別れてしまう確率が高いのです。

なぜかといえば、そういう二人は、もともとエネルギーが2つに割れているからです。

本来ならば、一緒に人生を歩んでいこう、家庭を築いていこう、子どもを育てていこうというのが結婚です。それなのに、「でもお金だけは別」というのは、そもそも結婚生活が成立するのか疑わしいほどです。

夫婦別会計というのは、その分だけ夫婦が溶《と》け合っていないということを意味します。

二人でつくっていくはずだった資産は、「半分に割りましょう」ということになりやすくなります。そうなると、変な言い方ですが、離婚もしやすくなるわけです。

20代のときに大富豪の家に泊まらせていただいていたときに、そのご夫婦の若い頃の話を聞く機会が多かったのですが、お金のなかった時代を二人でなんとかして、しのいだ話を懐《なつ》かしそうにされているのが印象的でした。

若くして結婚すると、たいていお金のやりくりで困るわけですが、それを一緒に乗り越えたからこそ、夫婦の一体感というものが持てるともいえます。

一人なら逃げ出しているようなことでも、二人だから乗り越えられた。そういうことを何度も積み上げて、夫婦は深く結びつくのかもしれません。

そうした若いときの苦労は、年を重ねてふり返ったときに、お互いに感謝するポイントでもあるわけです。

もともと資産と呼べるものはまったくない状態で、6畳1間から始めて一緒に資産をつくりあげて、老後に豊かになった人ほど、お互いを大切に思っています。

億万長者の調査で面白いのが、億万長者は、「自分の成功はパートナーのおかげだった」と思っている点です。

それとは逆に、成功していない人たちは、「パートナーのせいでうまくいかない」と思っている、という面白いデータがあります。

「自分がうまくいかないのはパートナーのせいだと思う人」と、「自分がうまくいったのは、パートナーのおかげだという人」。

お金がない時期に、二人で力を合わせた体験があるかないかの差ではないでしょうか。

夫婦になったら、お金の苦労は二人でするほうが、あとあと楽しい思い出になります。

それを楽しめるかどうかが、あなたのお金のつき合い方をも決めていきます。

もちろん、夫婦別会計でずっといくこともできるし、それで幸せな人もいます。でも、どこかよそよそしい風が吹いていることにも気づいてください。

一生、お金に困らないルール

19 お金の苦労をともにすることで夫婦の絆《きずな》は強くなる

夫婦のお金をふやすには?

別会計の夫婦は離婚しやすいという話をしましたが、「別会計」であっても、それなら大丈夫というケースもあります。

それは、たとえば生活費は夫の報酬だけでまかなうようにして、妻の収入はすべて不動産や株を買うのに使うというようなやり方です。

そうすると、10年で相当の資産ができるはずです。

夫婦二人で働いているから、その収入でできる最大の生活をするのではなく、二人の合わせた収入の半分で生活することにしたら、将来の経済的安定はより確実になります。

ここで大切なチェックポイントとしては、経済的自立を優先するのか、日々の豊かさを優先するのかということを二人で決めることです。

二人とも仕事をしなくてもいいという状態を優先するなら、どんなに稼いでいたとしても、普通の生活をキープするようにします。すると、お金は自然と貯まっていきます。収入がふえるにつれて、高級車に乗る、外食をするなどしていたらお金は残っていきません。住む場所も、贅沢をしなければ、その分だけお金を貯めることができます。

高収入のわりに普通の生活を続けた人は、経済的自由を得るのが早くなります。

それとは反対に、せっかく二人で働いているからと、日々の豊かさを優先する暮らし方もあります。

どちらがいい悪いではありませんが、後者では、いつまでたってもお金は貯まらない、ということはいえます。

どちらを優先させるかというのも、夫婦で考えて決めなければいけないことです。

日常の豊かさを優先させると、その分、経済的自立が遅れるのは仕方ありません。

30代で経済的自立をしなくてもいいかもしれませんが、40代、50代で経済的自立ができれば、人生を楽しむ幅は広がります。

経済的な自由を手に入れた後、仕事を辞めるかどうかは、どちらでもよくなります。

それはチケットのようなもので、一生使わない可能性もあるわけです。

人によっては、経済的自立を必要としない人もいます。仕事が好きで好きで、それがないと生きられない、というような人は、「遊んで暮らす」ことがイコール「仕事をすること」になるからです。だから、仕事をしないことがベストだ、という話ではありません。

いつでも辞められる自由があるからこそ、仕事を心から楽しめるのです。

豊かさを味わうのも、人生の一部です。焦《あせ》って経済的自由を手に入れようと頑張る人は、そのことを忘れないようにしましょう。

一般的に言って、人生をいちばん楽しめるのは20歳から60歳ぐらいではないでしょうか。その間に楽しむことをしていないと、たとえ65歳でお金持ちになれたとしても、そのときには、買いたいものも行きたいところも、「特にない」ということにもなりかねません。

一生、お金に困らないルール

20 日々の豊かさを優先すると、経済的自立は遅くなる

経済力のある女性は強気になりやすくなります

別会計の夫婦がうまくいかなくなりがちだというのには、もう一つ理由があります。とくに、それは女性に経済力がある場合です。

経済力がある女性は、強気になりやすい傾向がありますが、それが結婚運を逃すことになってしまいます。

結婚は、それまで別々に生きてきた二人が、一緒になることを意味します。うまくいかないことがあるのは当然です。それをお互いに譲《ゆず》ったり、譲られたりしながら、生活していくわけです。ときには、我慢しなければならないこともあるでしょう。

けれども、経済力のある女性は、その我慢ができません。ふだんから、いろんな我慢をする必要がないからです。

「この人と一緒にいなくても、なんとかなるんじゃないか。別のいい人がいるんじゃないか」と思って、別れやすくなってしまうのです。

「そんなに文句を言うんだったら、別れましょう」ということになりがちなのです。

もちろん、一方的に女性が我慢するべきだということを言っているわけではありませんが、どちらも我慢をしない関係は、もろいものです。

経済力がありすぎると、結婚の機会を逃す可能性もあります。

昔は、若いときに結婚する社会的な理由と経済的な理由がありました。

たとえば、少し前には「25歳すぎて独身だと恥ずかしい」という時代がありました。これは「社会的な理由」の一つですが、いまは、35歳すぎて独身でも、全然恥ずかしくありません。けれども、だからといって、ひとりで生きていったら幸せかといえば、必ずしもそうではないでしょう。

ある程度経済的に自立できていれば、わざわざ他人と一緒に住まなければいけない理由はありません。相手のお金の使い方や生き方で、ちょっとでも気に入らないことがあると、面倒くさくなって、相手に「×」をつけて遠ざけてしまうわけです。

一生、お金に困らないルール

21 経済力がありすぎると、結婚の機会を逃す

一般的に、女性は経済力がつけばつくほど、相手に対して簡単に「×」を出す傾向があります。たとえば、自分よりも年収や身長が低ければ、「×」を出すのです。

「×」ばかり出していたら、ひとりになってしまうのは当然です。経済的成功が、そんなふうに、幸せの邪魔をするということもあるのです。

有能な女性は、仕事ができて、責任感もあります。それで、つい自分が頑張ってしまうわけですが、そんなに、何もかも背負う必要はないと思います。

自分が愛した人なら、なおさらです。相手に「×」をつけるのではなく、そんな相手に甘えてみましょう。頼りないと思っていた相手が、案外頼もしく思えることもあるかもしれません。二人の関係も、いまよりもっと、うまくいくようになるはずです。

子どもの教育に、お金をかける喜び

自分の子どもにどれくらいの教育費をかけるのか、についても考えてみましょう。

昭和の時代には、お父さんがタバコ代を我慢したり、お母さんが服を買うのを我慢したりして子どもを塾に行かせ、いい大学、会社に行かせるのが美談となりました。

でも、最近では、そこまで自分を犠牲にするのはイヤだと考える親もふえてきています。いい大学、会社に進んだからといって、いい人生が約束されているわけではないのと、子どもへの投資が果たして返ってくるのか、あやふやになってきたからです。

昔は、子どもにお金をかけることが当たり前で、子どもも親孝行で、やがて親にその分を返すという暗黙《あんもく》の了解がありました。でも、子どもの立場からしてみれば、恩着せがましくされるのはイヤだし、親孝行を期待されるのも、気持ち的に負担でしょう。

子どもにお金をかけるのは、20年間の「期間限定の趣味」ぐらいに考えておくと、バランスがとれるのではないでしょうか。

本当は、衣食住の最低限の面倒さえ見ておけば、生物的には、子どもは育っていきます。あと、英語を習わせたり、スポーツをやらせたりするのは、親の趣味だと考えるのです。そして、スポーツ大会で勝つのを見たり、子どもの塾のお見送りも、喜びだと考えられると、面倒くさくなくなるでしょう。

子育てが終わって20年ぐらいした年輩の方に伺《うかが》うと、子育て当時は、忙しくて何も考えられなかったけど、人生でもっとも楽しかったと語る人が多いのです。

なので、子育てが終わったら、趣味も終わり。お互い貸し借りナシぐらいに思っておくと、こんどは対等な大人として、健康的なつき合いができるでしょう。

一生、お金に困らないルール

22 子育ては親の喜び、子どもに期待しない

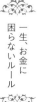

子どもは、人生の喜びと心配を同時にもたらします

ここで、子どもを持つメリット、デメリットも考えてみたいと思います。

「子ども」を、どう位置づけるかですが、たとえば、自分に経済力がないのに子どもを持ってしまって、過大な教育費をかけることが果たして幸せなのか、ということです。

子どもは、いずれ家を出ていきます。

子どものいない人は、子どもを持たなかったことをマイナスにとらえて、もしも子どもがいたらどうだっただろうということを考えるようです。

自分が何か、やり残したことがあるように思ってしまうのです。

けれども、じつは子どもがいたから幸せかというと、そんなことはありません。私は、結構な確率で、子どもが心配の種、不幸の種になっている親は多いと思っています。

子どもがいなかったほうが、気が楽でいられたかもしれません。

「子どもが事故に遭ったら、どうしよう」

「病気になったら、どうしよう」

「学校でいじめられているんじゃないか」

子どもを持つ親の心配は、果てしなく続いていきます。

人生で不安の要素が1個ふえるだけ、幸せ度は下がります。

もちろん、子どもを持ったことで得られる幸せも、たしかにありますが、同時に、人生の心配の種もふえることになります。

子どもを持つ、持たないは、コントロールできないところもあります。メリットもあり、デメリットもあるというのは、どんなことにも当てはまるものです。

子どもを持つことは、人生の負担になり得ることをわかっておきましょう。

そのうえで、子どもを持つのであれば、後悔することはないのですが、多くの人は、子どもさえいれば幸せになれるはずだと考えがちです。

子どもが親にとって純粋に楽しく、すばらしい存在でいるのは、せいぜい生まれてから

8歳ぐらいまでです。

子どもは、だんだん自我が芽生え、親のもとから自立していきます。中学生ぐらいになると、もう自分の世界ができています。自分のことをふり返っても、そうだったのではないでしょうか。つまり子育てというのは、小学生くらいまでなのです。

親子の縁は切っても切れないと思っている人が多いと思いますが、遠くの場所で暮らしている場合、案外、縁は薄いものだともいえます。

たまに帰ってきてくれたら、すごくうれしいぐらいに思っておいたほうが、期待を裏切られずにすみます。

18歳ぐらいまで縁あって同居する海外からの留学生ぐらいに考えておいたほうが、お互い健康的な距離が保てるのではないでしょうか。

一生、お金に困らないルール

23 子どもを持つメリット、デメリットを考えておく

子どもをいつまで援助するか、考えておきましょう

先日、80代の女性から相談を受けました。

その方には50代の息子さんがいます。息子さんは、もともとサラリーマンでしたが、早期退職で、いまは仕事をしていません。結婚もしていて、奥さんは独立してバリバリ仕事をしているそうです。息子の息子、相談者のお孫さんは、20代でニートになっているそうです。

50代の息子さんが仕事をしていないので、その女性は息子さんに、毎月50万円の仕送りをしているそうですが、その仕送りを、「いつまで続けていいのか」というのが、相談の内容でした。

この話をすると、たいていの人は、「そんなこともあるのか」と驚くかもしれませんが、

こういう相談は案外多いのです。

この相談者の旦那さんはすでに亡くなっていて、多額の遺産を相続しています。息子に毎月50万円の仕送りをできる経済力はありますが、ご自身でも心配されているように、この状態が延々と続くのでは、いつかはお金も底をついてしまうかもしれません。

あるいは、そのことが、息子や孫の自立を妨《さまた》げているとも感じています。

女性にとってのお金のことを考えたときに、いかに稼ぐかも大切ですが、いかに守るかということも大切です。そして、自分の資産を守るのに、押さえておきたいことの一つは、子どもはある程度の年齢になったら自立させておく、ということです。

どんなに資産があっても、子ども、孫を援助しなければならないということでは、自分の生活まで脅かされてしまいます。

最低限の暮らしであれば、それほどお金はかかりませんが、いつ自分が病気にならないともかぎりません。そのときに備えておきたいのに、50歳を過ぎた子どもの面倒まで見なければならないとしたら、現実にお金がなくなることはなくても、精神的には、いつまでたっても落ち着くことはないでしょう。

仕送りを続けているかぎり、子どもは、それを当てにします。

最初は、働く気持ちがあったとしても、そのうちに「まあ、いいか」と思うようになり、仕送りの額も、「もっと」とふえてしまうかもしれません。

そういう子どもは、実年齢は50歳を過ぎていても、気分は30代の頃と変わっていないことが多いようです。人は年を重ね、家族を持てば、それなりの責任感がついてくるものですが、それが当てはまらない人間もいるのです。

子どもは、できれば、20代の前半ぐらいまでには独り立ちさせるようにしましょう。それが、子どもにとっても、お金に困らない人生を築きます。

子どもが貯金もないのに、「仕事を辞めたい。援助してほしい」と言ってきたらどうするか、というのも、よく相談を受けることですが、少なくとも、学校を卒業して社会に出たなら、あとは子どもの人生です。

一生、お金に困らないルール

24 子どもは20代前半までに自立させる

自分の老後のためにも子どもの自立は大切です

親から見ると、子どもは何歳になっても、子どもです。

けれど、心配すること、干渉することは、子どもにとって、やってほしくないことです。

また、「私立の高校、大学に進学させた」「留学させた」「結婚費用を出した」などは口にしないことです。そんなことを言えば言うほど、「恩着せがましい」と思われて、子どもの気持ちは離れていってしまうでしょう。

子どもが小さい頃、一緒にいて楽しませてもらったことで、幸せだったから、もうそれで十分だと考えることもできます。

それ以上のことを望んでも、子どもは応《こた》えてくれないものです。どうしても、子どもから感謝や親孝行を期待するのであれば、何も言わないことです。

夫婦の関係でも、「誰が食わせてやっていると思っているんだ」という夫と、「君には本当に感謝している。本当にありがとう」という夫では、どちらが感謝されやすいかといえば、それは言うまでもないでしょう。

親として、子どもにできることは、社会のなかで自分の場所を見つけるサポートをしてあげることです。もしも、それができないと、子ども自身が困るのは当然ですが、あなたの老後までも脅かす存在になりかねません。

前でもお話ししたように、できれば子どもは20代前半で自立させることです。そのタイミングを逃すと、自立しない子どもになってしまいます。子どもが病気になるなど例外はあると思いますが、精神的に親に依存させないということがとても大事なポイントです。

25 子どもに依存しない、依存されない

夫婦で支え合って、お金を守りましょう

50代以降になると、旦那さんが病気で倒れたり、亡くなったり、ということが、決してめずらしいことではなくなってきます。

そのときに、「もう人生は終わりになるのか」といえば、そんなことはありません。夫婦の生活は、二人で守っていかなければなりません。旦那さんが、役目を果たせなくなったとしたら、旦那さんに代わって、あなたがしていかなければなりません。

たとえ旦那さんが病に倒れても、そのためにお金で苦労することのないよう、お金のことをいまのうちに勉強しておきましょう。

稼ぎ手を失った家庭を助けるための、いろいろな制度があります。それについて、いま知っている必要はありませんが、いざというときには、そうした情報を集められるだけの

知識を身につけておくことです。

旦那さんが働けなくなったとき、収入がなくなったときに、奥さんが「私が代わりに稼ぐわ」と言えるカップルは、結びつきが強いはずです。

「健《すこ》やかなるときも、病《や》めるときも、喜びのときも、悲しみのときも、富めるときも、貧しいときも、これを愛し、これを敬《うやま》い、これを慰《なぐさ》め、これを助け、その命あるかぎり、真心を尽くすことを誓いますか」

これはキリスト教の結婚式で交わされる誓いの言葉ですが、キリスト教徒でなくても、夫婦の関係においては、まさに、そうあることが二人のお金を守る基本といえるのではないでしょうか。

一生、お金に困らないルール

26 夫婦のお金は、夫婦で守っていく

離婚することで得られるもの、失うもの

私は、人生の節目に立ち会うことが多く、結婚や離婚の相談を持ちかけられます。

そのとき思うのは、結婚も離婚も、一時的な気分や感情の盛り上がりでするべきではないということです。

「大好きだから」という理由で結婚したり、「もう顔も見たくない」という理由で離婚する女性がいます。でも、それは一時的な感情で、永続するわけではありません。

「好き」のなかに「嫌い」は潜《ひそ》むし、憎しみの裏には、愛もあるのです。

結婚は、会社の合併のようなもので、二人のエネルギーが混じり合って家庭が生まれます。そのエネルギーが上手に混じり合えば、愛情も経済的豊かさも、ともにふえていきます。

ところが、お互いに身勝手だったり、コミュニケーションをとる努力をしなければ、二人のあいだにあった愛は冷めて、そのうち、苦々しさに変わっていきます。

そこで、別れてしまうカップルが多いわけですが、会社と同じで、合併解消には、痛みが伴います。たとえば、資産をどう分けるのかという問題もあるし、奥さんが専業主婦の場合、どれだけ貢献したかということも、判断はなかなか難しいものがあります。

欧米の場合と違って、日本の離婚はいい加減で、結婚生活が10年未満だと、80％のカップルが財産分与の取り決めをしていないというデータもあります。

また、財産分与も、結婚生活が短いと、40％超が１００万円以下で、海外のように、離婚で女性が得するということもあまりないようです。経済的な面では、日本では女性に有利にはなっていません。

また、精神的にも、ダメージは大きく、しばらくは立ち直るのに時間がかかります。

「結婚の数倍、離婚にはエネルギーがいった」と語る女性は多いようです。

もちろん、幸せに結婚生活を送っている人も多いので、離婚のことばかり考える必要はありませんが、頭の片隅には置いておきたいものです。

とくに専業主婦の生活が長い場合、もし離婚したら、その後の生活をどうやっていくのか、一度はシミュレーションをしておきましょう。

パートナーが不誠実な場合、自分に経済力がないと、別れる選択肢がないような気分になるはずです。また子どもが小さいと、貧乏してまで離婚する勇気が出ない、という女性もたくさんいます。

パートナーと対等な関係を保つためにも、経済力を持っておくといいでしょう。

下手なことをすると捨てられるという可能性があったら、相手も、もっとあなたに敬意を払うはずです。いざというときは、いつでも別れる自由があるからこそ発生する、適度な緊張感が、結婚生活をうまくいかせるという側面はあるのです。

一生、お金に困らないルール

27 離婚のメリット、デメリットを考えておく

第4章

投資でふやす

交換ゲームを楽しむ

いまの10万円を何と交換するかで価値が変わります

「稼ぎ方を考えるといっても、副業ができない会社員では、収入の上限が見えてしまいます。どうしたら、いまのお金をふやしていけますか」

という質問を受けました。

ここで投資についても、お話ししておきたいと思います。

「投資」というと、自分には縁がないと思ってしまう女性は多いかもしれません。

投資は、簡単にいえば、「交換ゲーム」です。

たとえば、いま、あなたが10万円を持っていたとします。

その10万円を「現金」で持つのか、「ゴールド」に換えて持つのかで、10年後の価値が変わります。「ゴールド」の他に、株、不動産、絵画、アンティークコイン、クラシックカーなどもありますが、この10年で見ると、いちばん価値が上がったのはアンティークコインでした。次いで絵画、クラシックカーと続きます。

そうして見ると、価値が下がったのは現金です。

それは、世界の銀行が、大量に紙幣を刷ったからです。

株式投資の場合には、どこの会社の株を買うかで、将来その価値が変わります。

たとえば、ある会社の株を持っていると、3％から4％の配当金を受けとることができるとします。つまり、10万円をその株に投資するとしたら、3000円くらいの配当がつくわけです。5万円なら、1500円になります。

1500円あれば、1日の食事をまかなえるのではないでしょうか。

そう考えると、5万円の株式投資をしたら、1日は「働かなくても食べられる」＝1日経済自由人になれる、ということです。

私が20代のときには、10万円で1日経済自由人になれると考えました。20万円なら2日、経済自由人になれるわけです。

そのうちに、1週間は、何もしなくても配当だけで食べられるというようになって、それが2週間、3週間と延ばして、1年間の生活ができるメドがたちました。

お金にふりまわされない人生を手に入れるには、経済自由人になることです。

すぐに一生安泰とはならなくても、1日ずつなら、経済自由をめざしていけるのではないでしょうか。

自分が働いて稼げるお金は、会社員であれば、たしかに上限があるでしょう。けれども、投資は、お金にお金を稼いでもらう方法です。

無謀に大きなお金をかけたりすれば、ハイリスクになることもありますが、ローリターンであれば、より着実にふえていくことになります。

長い時間をかけて、経済自由を手に入れるというのも、楽しい生き方です。

一生、お金に困らないルール

28 株式などの投資で、経済自由人になる日を1日ずつふやす

将来性を見抜く力でお金をふやしましょう

日本人の多くは、お金のＩＱを高めることが苦手です。とくに女性は、その傾向が強いのではないでしょうか。

「お金のＩＱ」とは、「お金の実務面での知識」のことで、具体的には、会計、税務、ビジネス、法律、投資などの知識や情報をどれだけ知っているかということです。

さきほど、10万円あったら、何と交換するかで価値が変わるというお話をしましたが、10万円をそのまま貯金しておくという人がほとんどではないでしょうか。

賢い女性であれば、その10万円を、どこに持っていけばふえていくかを考えます。

たとえば、そのお金で「ゴールド」を買うという人もいるでしょう。結果として、10年後に、その価値は上がっているかもしれませんが、じつは、この方法では、「積極的にふやす」ということにはなりません。ゴールドは、主に守りの道具だからです。

株や不動産の場合には、時間をかければ、お金を大きくふやすことができます。

たとえば20年前に、マイクロソフトやアップルに投資した人たちは、何十倍にもふやせたでしょう。けれども、バブルの華やかなりし頃、投資した人は、数年で大きく損したわけです。いま、うまくいっている会社というのは、じつはそれがピークで、将来の価値は下がっていくことがあります。ところが、いまは小さくて無名だけれど、数年後に、想像もつかないほどに急成長する会社もあるわけです。

株式投資で成功するためには、そこを見極めていくことが鍵です。

では、どうすれば、そういう会社を見つけられるかといえば、これは、じつは「いい男性の見つけ方」と共通しているといってもいいでしょう。だから、パートナー選びで成功した人は、株の才能があるかもしれません。

いまは、たいしたことはなくても、「これから伸びていく」人（会社）を見分けなければならないのです。

すでに成功している会社を、いくら「いい」と言っても、損はしないかもしれませんが、大きなリターンは望めないでしょう。逆にいまがピークということもあります。

「いまはまだ全然ダメだけれど、こういう夢があるんだ」「クライアントのためにしてあげたいことがある」などと、目をキラキラさせて語る男性を選ぶべきなのです。

10万円というお金を大きくする方法は、株式投資だけにかぎりません。

たとえば、そのお金を、友人の会社に投資したり、自分の興味のあることを扱うセミナーに出て、人脈をふやすために使ったり、海外に行って見聞を深めたりということのために使ってください。

そういう一つひとつが、将来のあなたの総合的な価値をふやすことになります。

一生、お金に困らないルール

29 伸びる男性、会社、産業を見抜く目を養う

自分の稼ぐ力に投資しましょう

自分自身や周辺にいる人たちに投資することも考えてみましょう。

「この人は成功しそうだ」という人や会社にかけるのです。

知り合いの会社に投資したり、自分の稼ぎ力に投資してみましょう。

自分の稼ぎ力に投資するとは、たとえば10万円でコーチングを勉強して、資格を取ることです。

そのスキルを身につけ、5000円のセッションを1回できたら、その利回りは5％になります。その分、労働しなければいけませんが、価値としては10万円の株式投資をしたのと同じ効果をもたらすわけです。

ひょっとしたら、投資を20万円にふやしたら、1時間1万円のセッションができるかもしれません。それが3回できたら、利回りは15％になります。

このように、自分を投資案件と見て、どれだけ「利回り」があるかという感覚で考えられると、自分への投資がしやすくなるのではないでしょうか。

株への投資と違って、あなたが実際に動かなければいけない点で、本質的には投資ではありませんが、あなたの価値を高めるという視点で考えてみてください。

自分に投資するというのは、たとえば新しいことを勉強することかもしれないし、新しいスキルを身につけることかもしれない。新しい人と出会うためのお金でもあります。

そう考えると転職も、一つの投資と考えることもできます。

転職で報酬を上げるのではなく、たとえ給料が下がっても、いい人脈が持てる、知識や経験が身につく会社で働けたとしたら、それは自分への投資になります。

なぜかというと、いい人脈にさえつながることができれば、将来その人たちと仕事ができる可能性が生まれます。それを考えたら、利回りは莫大《ばくだい》なものになるでしょう。

いま自分は、どこにいるべきなのかということを間違えないことです。

一般的には、条件がいいところに行けば行くほど、利回りは下がります。大企業に行けば、給料はいいかもしれませんが、将来の伸び率はたいしたものが見込めません。

でも、中小企業で、これから伸びていきそうな会社に入れば、もちろんダメになる可能性もありますが、上場したときに、その一員としてお金持ちになることもできます。

その意味では、必ずしもいま有利なほうに行くのがいいかといえば、そうとは言いきれない。それが自分を投資案件として見たときの、いちばん大切なポイントです。

ずっとお話ししているように、一見不利な条件で働いたほうが、将来の可能性は高いというのが見分け方です。

当然ですが、それだけのリスクがあるのは、理解できると思います。リスクをとって勝負したいのか、確実に負けないゲームをしたいのか、あなたのセンス次第です。

一生、お金に困らないルール

30 転職も自分への投資と考える

資格を取っただけでは食べていけません

将来のため、就職に有利になるからと、いろんな資格を取得する人がいますが、資格を取るだけのマニアにならないことです。

どんなに資格を取っても、それでお金を稼げなければ、あまり価値がありません。

もう一つ踏み込んで言うなら、普通の学校にいくだけでは食べていけないし、才能もそんなには開花していかないでしょう。自分の才能を見極めて、何を学び、どう手に職をつけていくかということです。

将来が不安だからという理由で資格を取る人もいるし、それを提供する学校もあります。

でも、どこにでもある通信教育を受けただけ、学校に通っただけでは、知識や教養は身につくものの、稼ぐ力には結びついていかないでしょう。

あなたが取ろうとしている資格が、誰にでも取れる普通の資格なのか、あるいは、それを持っているために、就職や転職に有利になるほどのものなのかを考えてみましょう。

そして、直接お金につながらないからといって、無駄にはならないことも知っておいてください。たとえばペン習字を習ったからといって、すぐに収入がふえるわけではありませんが、字がきれいだからというのが採用の決め手になることはあります。

あなたが勉強好きな場合はとくに、資格マニアにならないように気をつけましょう。そういう勉強をしているだけで安心していたとしたら、それは単に油断です。

何かを勉強したいなら、将来に本当に役立ち、あなたが心からワクワクすることを学んでください。何を身につければいいのか、戦略的にも考えましょう。

一生、お金に困らないルール

31 資格は、稼ぐ力に活かす

少しずつ尊重される存在になりましょう

「いまの自分の時間を何と交換するのか」

この質問が、あなたの未来の経済的安定を大きく左右します。

あなたの時間を上手に使えば、自分の価値を上げていくことができます。

私の知り合いで、短大の学生アルバイトから、その会社の役員になった人がいますが、もちろん、最初から一足飛びに出世したわけではありません。

アルバイトのときには、他のアルバイトがラフな服装で通勤するなか、彼女は、できるだけジャケットを着て出社するようにしたといいます。それで会議や接待の際にお手伝いとして呼ばれることが多かったそうで、自然と上の人たちの目にとまります。

ほどなくして、会社の経営陣からお声がかかり、彼女は正社員として採用されました。

正社員になってからは、どんな仕事を頼まれても、それをするのが楽しかったと言っていました。おそらく、そこでの仕事が向いていたのでしょう。

私は大好きなことを仕事にすることを提唱していますが、それは、それが自分の才能を発揮できる一番の近道だからです。

そして、その人は、その仕事ぶりが認められて、課長になり、部長になり、女性で最年少の役員になりました。私は、女性版わらしべ長者と呼んでいます。

「わらしべ長者」は、転んだ拍子につかんだ1本の藁《わら》を、人と出会うごとに物々交換して、最後は大金持ちになった若者の話です。より高価なものと交換したというより、相手が喜んでくれるので、自分の持っているものを差し出したところ、そのお礼がどんどんいいものに変わっていったという面白い話です。

この話で大切なのは、自分の手元にあるものを喜んで差し出している点です。彼が、交換を条件にしていないところが、わらしべ長者になれた所以《ゆえん》だと思うのです。

いまの職場で尊重される存在になるには、自分にできることをすべてやることです。

「こんな仕事はつまらない」と言って、いいかげんにするのではなく、いまの仕事を楽しみながら、取り組んでいくのです。

いまやっているのは、それが縁のある仕事だからです。感謝して取り組めば、きっと何かが動きます。

見ている人は見ているものです。アルバイトから役員になったというのは、その人がすばらしいということもありますが、そういう人のふだんの様子を、ちゃんと見ている上司が存在したという事実も看過できません。

だから、最初は、何もできないところからスタートしても、全然いいのです。

けれども、そこから徐々に徐々に、その職場のなかで尊重されることです。

それが、お金に困らない人脈と仕事をもたらします。

一生、お金に困らないルール

32 自分にできることを広げていく

第5章

お金と人間関係

人を大切にできる人が、お金に大切にされる

つき合う人の平均年収が自分の年収を左右します

お金と人間関係についても考えてみましょう。

ふだんお金持ちとつき合っているかどうかで、その人の経済状態も変わります。

たとえば、お金持ちの人たちと多くつき合ってきた人と、お金持ちとつき合わなかった人だったら、収入も資産も、前者のほうがずっと多くなります。

なぜかといえば、同じことをしていても、お金持ちの人に対してビジネスするほうが有利だからです。

たとえば同じマッサージをするにも、一時間5000円でマッサージする人と、一時間10万円でマッサージする人がいるわけです。両者に技術の差があるのは当然として、20倍の価値の違いが出てくるのは、お客さんが裕福だからです。それは、たとえばカウンセリングでも、エステティックでも、散髪でも、メイクでも、同じことがいえます。

一個1万円のクリームを売るのと、一個1000円のクリームを売るのとでは、じつは労力はほとんど一緒なのです。

そうだとすれば、単価が高い仕事をする人のほうが、経済的に恵まれやすくなります。

同じ仕事をするにしても、お金のない人と仕事をするのと、お金のある人と仕事をするのだったら、お金のある人と仕事をしたほうが、有利になります。

とくに将来独立しようと思っている人は、このあたりのことを考えましょう。いくらの仕事をするのかで、同じような職種の仕事をしていても、収入は、100倍も違うことがあるのです。

どれだけ質のいい人たちとつき合っているかが、自分の収入に表れるのです。

一生、お金に困らないルール

33 つき合う人で収入が変わる

人のために使える人に、お金は集まります

あなたがお金に困ったとしたら、どれくらいの人が、あなたを助けてくれますか？

その数で、あなたの収入を言い当てることができます。

「この人にチャンスをあげたい」

「お金をあげたい」

「人を紹介したい」

そういう人が10人なのか、１０００人なのかで、生涯年収は変わってくるわけです。

あなたのことを大切に思ってくれる人が多ければ多いほど、あなたは、人間的にも幸せになれるし、経済的にも社会的にも成功する可能性が高いというわけです。

そう考えると、周りの人たちを大事にして、楽しく、かつ深い人間関係を築いている人

は、経済的にも社会的にも仕事的にも成功しやすくなります。

たとえば営業の人でいうと、クライアントに社長・役員クラスの人をどれだけ持っているかで、売り上げはずいぶん変わってくるでしょう。

決定権のない人とつながっているだけでは、数字は上がらないかもしれません。

けれども決定権のある人をよく知っていれば、その人の一声で、ふだんの何倍もの数字をたった5分で上げられる可能性があるわけです。

人間関係が広く、深い人ほど、お金を引き寄せる力が大きいわけですが、そのためには、あなた自身が、その人のために、どれだけ貢献できているかということです。

一生、お金に困らないルール

34 人間関係が広い人ほど、お金を引き寄せる力が大きい

老後、自分のそばにいてくれる人は誰でしょう？

お金の不安の大半は、「将来、お金がなくなったら困る」というところから来るのではないでしょうか。

せめて子どもがいれば、老後の面倒を見てもらえるのではないかと思って期待しますが、現実はそうならないものです。

実際に、70代、80代になっても現役で活躍している人を見てみると、自分の子どもよりも、仕事のスタッフが身近にいるケースが多いことに気づきます。

それほどに子どもは当てにならない、というより、それまでの社会経験で培《つちか》った人間関係が、人もお金も連れてきてくれる、ということではないでしょうか。

定年を迎えると、それまで何百枚も来ていた年賀状が数枚になる、という話をよく聞きますが、それは、仕事の関係でしか人間関係を築いてこなかったからです。むしろ定年の歳になって、つき合う人がふえるような人は、お金に困るようなことはないはずです。

女性でも、つき合う人が学生時代の友人だけ、職場の仲間だけ、あるいはママ友だけという人は、人間関係が広がっていきません。

老後になっても、家族は当てにしないほうが幸せです。夫は自分よりも早く死んでしまう確率が高く、子どもは忙しすぎます。だから家族に頼るのではなく、自分の人間関係から、あなたのそばにいてくれる人を探すのです。

その人に自分の面倒を見てもらうのではなく、その人のために自分ができることをしてあげればいいのです。その人が、あなたに恩返ししてくれるでしょう。

一生、お金に困らないルール

35 生涯現役をめざす

第6章

男性で失敗しない

優しい女性ほど、お金で損をしやすい

できる女性は、なぜダメな男性で失敗するのでしょうか？

できる女性が、ダメな男性に引っかかりやすいというのは、よくいわれることです。仕事もできる、判断力も決断力もある女性が、なぜ、ダメな男にふりまわされてしまうのでしょうか。

一般に、できる女性というのはガードが堅《かた》いものです。「できない男性」には魅力を感じないので、若いうちは、うんと年上とつき合うか、パートナーシップの不毛地帯をつき進むことになります。

ある程度の年齢になってきて、「年上の男性は老《ふ》けすぎてダメ、でも寂しい」ということで、やさしい年下の男性にはまってしまいます。

頼りなくて経済力がないのは、これまでの男性たちと変わらないはずです。

それなのに、いまになって年下の彼にはまって失敗するのは、年下の男性が心の隙間《すきま》に入ってくるからのようです。

個人セッションなどで、そういう女性たちから直接、悩みを打ち明けられることも多いのですが、話を聞いてみると、年下のパートナーには、共通した行動が見られます。

たとえば、彼らは、どんなに遅くに帰宅しても、家で夕食を準備したりして、キャリアウーマンの彼女を待ってくれています。

「家に帰ったら必ず待っている」「自分のことを大切にしてくれる」というのは、女性に「自分は特別な存在なんだ」という優越感を与えてくれるようです。

頭のなかでは、本当はお互いに成長できる男性と一緒にいたいと思いながら、自分だけを見てくれる男性に心惹《ひ》かれてしまうわけです。

そんな「年下の彼」は、彼女のことをずっと大事にしているかといえば、そうでもないのが不思議なところです。

彼らは「ペット」のようでありながら、じつは「俺様」だったりするのです。

猫好きな女性は多いですが、猫は決して人に媚《こ》びたりはしません。「年下の彼」は、誇り高い猫に通じるところがあるのかもしれません。

いったん、その魅力にはまってしまうと、彼のために何でもしてあげたくなるのです。眠っていた母性が表に出てしまうのかもしれません。

果たして、彼が望むことなら何でもしてあげたくなり、知らず識らず、お金をつぎ込んでしまったりします。

もちろん、そこに運命の出会いがないとはかぎりません。人生のパートナーになることもあり得ないことではありませんが、「ペット」として見ているうちは無理でしょう。

彼のほうから去っていくこともあれば、女性のほうで、飽《あ》きてしまうこともあります。

結局、お互いにとって、あまりいい終わり方をしないことが多いようです。

36 年下の男性をペットにしない

借金グセのある女性とは?

20代にお金を派手に使う習慣が身についた人のなかには、「借金グセ」も一緒についている人がいます。

借金するようになるのは、単に収入よりも支出が大きくなってしまったためです。

借金は、初めてのときにはドキドキするものですが、一度慣れてしまうと、まったく平気になってしまうようです。

すると、普通なら「今日はお金がないからやめておこう」と思うことでも、「またカードで引き出せばいいか」と考えてしまうのです。

お金を使うと気分はよくなります。そのことで得られる快感から抜け出せなくなった、というのが「借金グセ」のある人です。

一生、お金に困らないルール

37 カードローンは借金だと心得る

いまはカードローンなどを簡単に組むことができます。でも、そのローンは、すべて借金です。その意識を持たずに、ローンを組んでいる人もいるようです。

ローンを組めば、利子がつきます。

預金の利息よりも、借金の利子がずっと高いのは常識です。

どうしても必要なものを手に入れるためにローンを組むのは悪いとは言いませんが、そのときには、利子がいくらになるのかも考えてみましょう。

初めは、ちょっと利用してみただけの「ローン」が知らず識らずに積み上がり、いつのまにか返せないほどの金額になっていた、ということもないことではありません。

そうしたことの積み重ねが、あなたの「信用」に関わってきます。

女性は買い物にはまらないように気をつけましょう

男性はギャンブルにはまり、女性は買い物にはまる、といわれます。どうして買い物にはまるのかといえば、女性は変身したり美しくなる躍動感《やくどう》、買い物をすることで得られるハイな気分にはまるからでしょう。

男性がギャンブルにはまるのは、「勝つ」「負ける」のワクワク感が中毒になるからです。負けた悔しさと、勝つ快感で、男性がギャンブルにどんどんはまってしまうように、女性は買い物をするときに、いいバッグや洋服を身につけることで高揚感を得られるだけでなく、お店の人から大切に扱われたり、チヤホヤされたり、ということが快感になって、「買い物依存症」に陥ることもあります。

買い物にはまらないためには、自分には、いくらの収入があって、いくら使えるのかを意識しておくことです。

また、社会的な、いまの自分の位置も知っておきましょう。

それがわかっていれば、ブランド品で自分の価値を上げる必要もありません。そうなれば、ブランド品を買い漁《あさ》るようなこともしなくてすみます。

無理なローンを組む必要もなくなります。

分相応という言葉がありますが、あなたの経済力で買えるものと、買えないものを区別しておきましょう。

そのあたりが見えなくなると、自分の身を滅ぼすことになってしまいます。

一生、お金に困らないルール

38 自分の使える金額を把握する

「働けない状況」から抜け出すには？

いま、本当は働きたいのに働けない状況にあるという人もいるでしょう。

たとえば、

「正社員になれない」

「たいしたスキルがない」

「モチベーションが続かない」

「養ってくれる人がいる」

……そういった事情によって、働けなくなってしまっているのです。

そこから抜け出すには、「才覚を使って生きること」を本気で決める必要があります。

いつまでもフラフラしてフリーターの生活をするのではなく、自分の生活費は自分で稼ぐというふうに決めないと、そこから抜け出すのは難しいでしょう。

たとえば学校に行くことだったり、何か新しいスキルを身につけることだったり、あるいは、職場で結果を出すことに一生懸命になることです。

ただ漂流するように仕事を続けていると、40代以降は生活が成り立たなくなります。

なぜかといえば、女性の華やかさのピークは20代で、30代以降は、どんどん外見的な価値が下がっていく、というのが一般的だからです。

容姿が衰《おとろ》える分だけ、スキルで勝負していく曲線を描いていかなければいけないのですが、多くの女性は、自分がそういったものを築き上げていないということに、40代になって初めて気がつくのです。

一生、お金に困らないルール

39 自分の生活費は自分で稼ぐ

お金で人生を失敗する人

お金で失敗する人には、２つのタイプがあります。

一つは、自分の収入に見合う支出をコントロールできない人。

この人たちは借金がふえていって、カード破産したりしてしまう予備軍です。

収入と支出のバランスがとれず、それがアンバランスな状態になっています。

このタイプの人は、さきほどお話ししたように、自分の衝動と向き合う必要があります。

場合によっては、カウンセリングなど、専門家の助けが必要かもしれません。

もう一つのタイプは、パートナーシップや人間関係に問題がある人です。

大好きになった男性にお金を貢《みつ》ぐ、あるいは借金の保証人になったりして、ＯＬをやって10年貯めてきたお金を全部失ってしまったりするのです。

あるいは、結婚詐欺に遭ったり、投資詐欺に遭ったりするのも、このタイプです。何も考えずに相手のことを信じてしまうと、簡単に騙《だま》されてしまいます。

第三者から見れば、「そんなことを、どうして信じられるの？」といったことでも、簡単に信じてしまう人が多いのは、お金の常識やルールがわかっていないからです。

また、世の中にはいい人たちしかいない、悪い人はいないというファンタジーの世界に住んでいる女性も、詐欺のターゲットになってしまう可能性があります。

詐欺とまでいかなくても、お金を預けてくれたら投資でふやすと言われて、損してしまったり、素人のビジネスに投資して失敗することはよくあります。そういうことも、お金に関する常識さえ身につけていれば防げるはずです。

一生、お金に
困らないルール

40 お金の常識とルールを身につける

お金に安定を求めることはできません

「お金は、あなたの生活の安定を保証してくれるか」

と言えば、

「最低限はしてくれる」

と言えるでしょう。

けれども、お金があれば十分かというと、そうではありません。

いまあるお金で当座の生活はまかなえても、経済危機が来たり、お金をとられたりといったことが心配になります。

そう考えると、いちばん大事なのは、「いつでもお金を生み出せる力」を持つということです。それによって、安心感を得ることができます。

手持ちのお金だけに頼っていると、それが減ってしまうのが怖くなって、お金を使えなくなってしまいます。

お金に安心感を見出してしまうと、できるだけお金を使わないことを優先してしまいます。そうなると引きこもりがちになって「縮こまる人生」になってしまいます。

それは、冒険をしない生き方ともいえますが、自分に合っていると思えるなら、選択の一つといえるでしょう。

けれども、面白い人生を生きたい、本当の意味で安心感を得たいなら、自分でお金を稼ぐ才覚を身につけることを考えましょう。

お金と幸せにつき合うために、いつでもお金を生み出せる能力を身につけましょう。

一生、お金に困らないルール

41 節約して、お金持ちになった人はいない

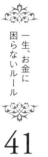

第7章

お金を守る

自分の資産を持つということ

お金にお金を稼いでもらいましょう

資産を持つと、「資産がお金を稼いでくれる」という状態になります。

たとえば、それが不動産だとしたら、自分が所有している物件で家賃収入を得るということです。自分の土地を駐車場にして貸し出せば、賃貸料をもらえます。株の場合は、株式の配当をもらうことができます。

そのお金をまた再投資して資産をふやせば、さらなる経済的安定が手に入ります。ここが、お金持ちになれる人と、そうでない人の大きな差です。

多くの人は、儲かったからご褒美《ほうび》を買おうと言って、金の卵を産むガチョウをブランドのバッグに換えてしまうのです。それでは、ふえていく資産も、ふえなくなります。

もちろん、人生は、資産をふやすという単純なゲームではありません。いろんな人と友達になったり、一緒にプロジェクトをやったり、遊んだりということも、人生の楽しみ方の一つです。

なので、資産をふやすことばかりに執着《しゅうちゃく》しないことも大切です。

お金を将来どれだけふやしたいのか、どのように使いたいのか、といったことも考えておきましょう。どれだけ自分がお金持ちになりたいかを考えたうえで、投資の戦略も立ててほしいところです。

経済的に豊かになった人は、すべてがこの投資のプロセスをたどっています。収入が支出を大幅に上まわりだしたら、あまったお金を投資することになるからです。

お金持ちのトレーニングだと思って、投資と向き合いましょう。

一生、お金に困らないルール

42 資産に資産をふやしてもらう

複数の収入源を確保しておきましょう

万一のときに備えるためには、複数の収入源を確保しておくことです。

そのために何ができるのかといえば、お金を稼ぐ方法を一つに絞《しぼ》らないということです。

前でもお話ししたように、組織に属するのか、何か資格を持つのか、才能を使うのか、いずれかの方法をいくつか組み合わせておくことです。

さきほどから話していた株式投資で、少しずつ株を買い、配当を再投資しながら、ふやしていくことは、誰にでも簡単にできるでしょう。

また、マンションのワンルームから不動産投資をスタートして、資産をふやしていくこともできます。

文才がある人は、有料メルマガを発行したり、本を書くこともできるかもしれません。

作詞、作曲ができる人は、自分の音楽を売ることも可能でしょう。

そうやっているうちに、趣味だった何かが大当たりして、それが本業になる人もいます。

最初に、あまりエネルギーをかけないから、うまくいくこともあるのです。

20代のうちからお金について学んでいって、30代からは金額は少なくても複数の収入を確保することを考えてみましょう。

できれば、自分が働かなくても生活できる環境を整えておくと、結婚している、していないにかかわらず、安心して生きていけるのではないでしょうか。

最初のスタートは少ない金額でも、時間を味方につければ、数年後、数十年後には、お金に不自由しない人生が実現できます。

一生、お金に困らないルール

43 50代からは、複数の収入源で生活する

遺産相続は他人事ではありません

世界のお金持ちの大半が女性であるのはなぜか、知っていますか。

それは一生かけてビジネスで成功した旦那さんのお金を、そのまま相続するのが女性だからです。女性は長生きするので、スーパーお金持ちは、男性よりも女性のほうが多くなるのです。

この本を読んでいる人のなかでも、旦那さんが亡くなってからも健康に過ごして、世界中を飛びまわっている、というような人たちもいるはずです。

そういう女性にとっていちばん大事なのは、資産を守るということです。

女性としてどう資産を守らなければいけないのかは、ぜひ知っておいていただきたいことです。

これは、20代、30代にはあまり必要のない知恵かもしれませんが、40代以降は必修科目といっても過言ではありません。女性は、結婚していなくても2回、結婚して旦那さんが先に亡くなると想定すると数回、相続を経験することになります。

1回目の遺産相続は、自分の両親のどちらかが亡くなったときに起きます。「うちには、そんな資産はない」という人でも、たとえば戸建ての家を持っていたら、それを残された親と兄弟姉妹間で相続することになります。

そして、もう一人の親が亡くなったとき、兄弟姉妹もいない場合には、自分ひとりで相続しなければなりません。自分が思っているよりも、大きなお金を相続する可能性がないともいえません。

お金を相続すると、いろんなことが変わります。低い収入で生きてきた人が、遺産相続によって、仕事を続けなくてもいい状況が生まれることもあります。

その結果、つまらないと感じていた仕事を辞めて、旅行に出かけたり、好きな趣味に打ち込むといったライフスタイルを選ぶこともできます。

それはそれで幸せにつながりますが、他の面でマイナスになることがあります。

一生、お金に困らないルール

44 遺産相続について学んでおく

普通にOLをやっていたときには、パートナー候補と知り合う機会がいっぱいあったのに、接点がなくなってしまうと、結婚から縁遠くなったりするのです。

遺産相続したお金が大きいと、夫婦関係にまで影響が及びます。お金を使いたいと思う人と、貯金して将来のために取っておきたい人に意見が分かれたりするからです。

本来は、パートナーのお金なのに、自分のお金のように考えてしまったりもします。そして、自分にも使う権利があるはずだと勘違いするのです。

兄弟姉妹との分配でももめることがあります。遺産相続でももめないように、ふだんから兄弟姉妹とはいい関係をつくっておきましょう。

思いがけない収入で人生を見失わないようにしましょう

遺産を相続するなど、思いがけない大金を手にしたら、あなたは、そのお金をどう使いますか。自分の年収の10年分、20年分にも相当するようなお金が、まとまって入ってくるような場合です。

相続を受ける可能性がある人は、そのことを考えておくようにしましょう。それをしておかないと、いざというとき、どうしていいかわからず、ただ貯金しておくだけということになってしまいます。

また、いきなり株に投資して、あっという間に失ってしまう人もいます。30代、40代で遺産を相続した場合に気をつけたいことは、遺産相続で人生を狂わせないということです。

遺産相続したとしても、すぐに会社を辞めるようなことはしてはいけません。

また、結婚している場合には、夫婦でしっかり話し合いをして、そのお金をどう活かすのか考える必要があります。

たとえば「1年間は生活を変えない」と決めると、そのお金を持っているというインパクトをしっかり受けとめることができます。そういう取り決めをしておかないと、人生が狂ってしまうこともあります。

そういう意味では、遺産相続しても、すぐにお金を動かさないのがいいのです。

それまで普通の生活をしていたのに、両親が住んでいた家を売ったら、結構な金額になったとしましょう。10年間、生活できる金額だった場合、好きでもない仕事を続けるのがばかばかしくなってしまうのです。

けれど、それで仕事を簡単に辞めてしまうと、次には、いい仕事につけなくなります。いい仕事につけないと、すばらしい男性とも出会えないということにもなります。

そうすると、遺産をもらったばっかりに、ライフワークの喜びも知らず、誰かのために自分の才能を使って幸せに生きるという生き方もできず、そして同時に、パートナーとめぐり合うというチャンスもつかむことができません。

相続した後も、真面目に仕事をしていたら、会社や取引先で、それなりの男性とめぐり合える可能性もありますが、気ままに旅行に出かけたり、趣味のスクールに行ったりするだけでは、すばらしい男性に出会えるわけがないのです。

そして婚期を逃してしまったとしたら、親が遺したお金が、不幸を呼び込んでしまったことになります。

遺産は、あなたの幸せのために、ご両親や家族が残してくれたお金です。

あなたの幸せのために使ってください。

一生、お金に
困らないルール

45 一時的に得た収入で、人生を棒に振らない

弁護士、税理士とのつき合い方

女性の自立にとって、法律を最低限知ることもすごく大事だと思います。

法律を知らなかったがために、ひどい目に遭う人たちがたくさんいます。

また、税金の知識がなかったために、お金のトラブルに巻き込まれる人もいます。

ちょっとした法律や税務の知識さえあれば、あとは専門家にお願いすればいいものを、知らないがゆえに騙されたりする人たちは、本当に多いのです。

あなたに専門知識がなくても、専門家に何を聞かなければならないかは、知っておく必要があります。何を聞けばいいのかすらわからなければ、相手も困ってしまいます。

また、弁護士、税理士とどうつき合うのかということですが、最初のステップは、人間的に信頼できる弁護士を見つけることです。

人柄がすばらしくて、かつ能力がすばらしい人を早い段階で見つけておくことで、いざというときの安心感を持つことができます。

ただし、弁護士や税理士というのは、ビジネスをしていなければ、そこまでお世話になることもありません。

遺産相続の問題でも、トラブルの相手が親や兄弟姉妹ですから、最初から争うようなことにはなりません。

法律的には、税務的にはどうなのかを踏まえたうえで、どうすればいいのかを冷静に話し合うためにも、何がどうなっているのかを知っておきましょう。

それがわかっているだけで、ふだんから心配することはなくなるでしょう。

一生、お金に困らないルール

46 税理士、弁護士に何を依頼するのか知っておく

兄弟姉妹と、いい関係を築いておきましょう

遺産相続には、いろんなやり方があります。

お父さんとお母さんが持っていた自宅やマンションをどう処分するか。

あるいは、会社を弟が受け継いで、自分は不動産を受け継いだ場合に、お父さんの会社が傾いて弟が困ったときに、自分が受け継いだ不動産を担保にお金を貸してほしいと言われたときにどうするのか、ということになどについても考えておきましょう。

そのときに、親の財産だからといって、旦那さんに黙って借金の保証人になって、マンションをとられ、ついには離婚してしまったという人もいるわけです。

兄弟姉妹との関係は、夫婦との関係とまた違うので、自分は弟に全部あげたいと思っていても、旦那さんはそれに反対するということもあります。

一生、お金に困らないルール

47 兄弟姉妹と、お金について話しておく

自分の夫婦と兄弟姉妹のお金というのは、分けて考えたほうがいいのです。

同じ家に育っても、お金に関しては、考え方が全然違うことのほうが多いようです。

たとえば、お姉さんは浪費家、自分は節約家。そして、弟は、自営でお金にいつも困っているといったケースがあります。

その場合、親から受け継いだ財産をどう使うのか意見が分かれる、といったことが出てきます。

でも、兄弟姉妹間の友情があれば、お互いに助け合うことだってできます。

たとえば、いざとなれば、お父さんが始めた会社を継いだ弟を姉妹で援助してあげようと、ふだんからそれぞれの夫婦でも話し合っていれば、何の問題にもならないわけです。

そうやって、兄弟姉妹の絆が深まることもあるのです。

子どもにお金をどう残しますか？

子どもにお金をどう残すのかというテーマについても触れておきましょう。

ある程度の資産をつくって、自分がいなくなった後も、お金が残りそうだという場合、上手に準備しておくことが、残された人の幸せにつながります。

あなたが何も準備せずに亡くなったら、残された家族は、幸せになれるでしょうか？

資産家の家族が、不幸になってしまうのは、お金とともに、その処分案も残していない場合です。お金とともに、お金とどうつき合うのか、どう暮らしてほしいのかがはっきりしていないと、残されたほうも戸惑ってしまいます。

これは、生きているあいだ、子どもにどう援助するのかについても同じことがいえます。

子どもが複数いる場合、どうしても、まったく平等というわけにはいかないでしょう。大学に行く、行かない、私学に行く、公立に行くなどで、お金のかかり方が全然違います。

また、親子の相性や住んでいる地域によっては、一緒に旅行したり、買い物に行ったりするのが、特定の子どもに偏《かたよ》る場合もあるでしょう。

親の面倒をよく見る子どももいれば、1年間まったく顔を見せない子どももいます。

相続のときにもめるのは、どちらが親孝行したか、感謝されたか、貢献したか、お金を使ってもらったか、といったことです。

細かいことを言い出したら切りがなく、相続は、つまるところ数字の問題ではなく、感情の問題なのです。とくに、子どもたちそれぞれの配偶者が、自分たちの権利を主張しだすと、収拾がつかなくなります。

もし、子ども同士の仲がよくなければ、あなたが生きているうちに子どもたちのあいだに問題が起きないようにしてあげてください。

兄弟姉妹が争うほど、悲しいことはありません。なぜなら、本人たちが、肉親の絆を失うのはもちろんですが、孫たちも、従兄弟との友情を失うことになってしまうからです。

あなたが、しっかりしないと、孫の世代まで、禍根《かこん》を残すことになります。

そうならないためには、何をすればいいのでしょうか。

一番は、子どもが小さい頃から、お金について教えることです。そして、子どもたちそれぞれを尊重して、受けとめてあげること。お互いのすばらしいところを認め合えるような環境をつくってあげると、一生仲のいい兄弟姉妹になるでしょう。

最悪なのが、兄弟姉妹を競争させることです。どちらが勉強するかに始まり、親に貢献しているのかを競わせる親がいます。老年に至っては、面倒見てもらったから家はおまえに譲ると約束し、別の兄弟姉妹に他のことを約束したりする人がいます。

自分を大事にしてほしさに、そういうことをやるのでしょうが、そのやり方だと誰も幸せにはなれないでしょう。あなたが子どもたちに残せるものですばらしいものは、兄弟姉妹間の友情です。それをぜひ、知っておいてください。

48 子どもたちには、兄弟姉妹間の友情を残してあげる

第8章

人生と豊かさ

お金と友達になって、最高のサポートを受けよう

お金と向き合ってこなかったツケは高くつきます

お金と向き合ってこなかったツケは、歳を重ねるほど、高くつきます。

たとえば、10代からスタートした人は、一生、お金で困らないでしょう。

そして、20代でお金と向き合ってこなかったら、30代で痛い目に遭います。

ずっと向き合わなかった人たちは、50代以降に、困ってしまう可能性があります。

たとえば、30代までは自分の好きなことをやって、派遣というかたちで働いていたのが、いきなり40代で派遣切りにあって、仕事が見つからないといったことになります。

ずっとお金と向き合ってこなかったツケは、どこかで払わされる。そのことを覚悟しておかなければいけません。

その前に、お金と向き合わないと、どういうふうにツケを払わされるのか、というパターンも知っておいたほうがいいでしょう。

たとえば、お金を十分に稼げずに、生活に行き詰まるという困った事態が起きます。派遣でやっていた仕事を急に辞めさせられたり、仕事は続けられたとしても、高い時給の仕事や安定的な仕事はもらえなかったりするのです。

また、立ち仕事や細かな手仕事、事務作業をするのが、だんだんキツくなるわけです。

それでも無理をして仕事をしなければいけない、というのが、お金と向き合ってこなかったツケです。

ツケは必ず、自分で払わなければいけない、ということを覚えておきましょう。

一生、お金に困らないルール

49 若さは永遠でないことを知る

自分の人生に必要なお金とは？

自分の人生に必要なお金とは、
（1）生活費
（2）人生を楽しむためのもの
（3）万が一のときの頼り
という、この3つです。

昭和の世代の人たちは、できるだけお金を使わないように生きてきました。その反動か、次の世代の人たちは、使いすぎる傾向にありました。いわゆるバブルを経験した世代です。

使いすぎる人たちは、「足りなくなっても、なんとかなるだろう」と思っているのですが、なんとかなりません。でも、その当たり前の事実に気づいていない人は結構多いのです。

経済的に破綻してしまう人は、必要な生活費を過大計上している可能性があります。とくにバブル期以降の人たちは、分不相応に音楽や外食、車などにお金をかけがちです。なぜ、お金をかけているかといえば、それが人生の豊かさを象徴するもので、それを持つに値《あたい》する自分へのご褒美だと信じているわけです。

しかし、豊かさやご褒美は、必ずしも、物質的なものでなくてもいいはずです。自分へのご褒美をモノではないものに置き換えることで、経済的な余裕が生まれると思います。

バブル世代とは違って、いまの若い世代は違った金銭感覚を持っています。生まれたときから不況で、小学生のときにも、友達のお父さんがリストラされたということが身近に起きていたような世代は、車を持ったり、外食したりすることにステイタスを感じるようなことは、まずありません。

自分の生活力の範囲内で、やりくりすることに慣れています。それは、すばらしいことですが、人生には、いろんな楽しみ方があることも知っておいてもらいたいところです。若い人のなかに、海外に行きたいと考える人が減っていますが、それはそれで寂しい話です。お金と時間をかけないと、体験できないこともあります。

逆に、お金を使いすぎる人たちは、家計を見直しましょう。贅沢が悪いと言っているのではありません。お金は、人生を楽しむためにも使うべきですが、バランスも大事です。使い方を間違えてしまうと、人生を楽しむためのものが、自分を苦しめるツールになることを肝《きも》に命じておきましょう。

自分の収入のなかで、最低限必要な生活費は確保し、万が一のときに備えて、一部を蓄えるようにしましょう。そのうえで、残りのお金を楽しみのために使うわけです。お金を楽しい友人ととらえて、人生を楽しみましょう。

一生、お金に困らないルール

50 お金は「便利なツール」としてつき合う

これから、どれだけ稼いで、どれだけ使うのか、考えましょう

自分の生活のレベルを、どこに持っていくのかということが、お金の稼ぎ方、使い方の鍵になります。

これは人生の幸せにも直結していて、たとえば月に20万円で幸せを得られる人と、100万円でも得られない人がいるわけです。

そう言うと、「月に20万円で幸せを得られる人」がいいように見えますが、必ずしもそういうわけでもないでしょう。

「月に20万円」で生活している人は、海外旅行もしない、アート作品を観に行ったり、コンサートに行ったりもしません。外食することもほとんどない生活です。

これが幸せか幸せでないかは、個人が決めることです。だから海外旅行に行かなくても、

外食をしたりしなくてもいいのです。

けれども、面白い人生を生きようと思ったら、それだけお金を稼がなければいけなくなり、そうなると、それに伴うストレスもついてまわる可能性があります。

幸せのポイントは、収入と支出のバランスだといえるでしょう。

収入よりも支出のほうが多かったり、いつもギリギリだということが多かったりすると、お金を稼ぐ、あるいは生活していくことにストレスがふえていきます。

逆に、お金を稼いでいるわりに、あまりお金を使わない生活だと、経済的安定度はふえますが、人生の面白さ、豊かさは減っていきます。

自分がどれだけお金を稼いで、どれだけ使うのかというのは、一生を通して考えていかないと、豊かさと幸せのバランスを崩してしまうことになります。

たとえば私の両親は、お金を稼いでいたのにもかかわらず、平均よりやや上の生活しかしていませんでした。豊かさという意味では、あまりそれを享受《きょうじゅ》しないままの一生だったと思いますが、経済的安定度から見れば、抜群な安定度で生活していたわけです。

「経済的自由を得るためには、収入よりも2ランク低いところでやりなさい」というのが父の口グセでした。

買おうと思えば、いちばん高いものも買えたと思うのですが、父はいつも「2番目に安いもの」を選んでいました。

「いちばん安いものは、たぶん銭失《ぜに》いになる。2番目に安いものは、いちばんお買い得だ」と思っていたようです。

父も途中からは変わりましたが、私はそんな教育を受けたわけです。

そのせいか私は車を買ったときにも、「車は借金して乗るものじゃない」という父の教えを守って、「車を10台買えるぐらいの経済状態にならないと買ってはいけない」というふうに自分で決めていました。

それくらい最初のうちはストイックにしないと、経済的自由というのは手に入らない。

それは自分が体験したことや、お金で成功した人、お金で失敗した人たちをたくさん見てきたなかで実感しています。

だからといって、少ない収入のなかでストイックなお金の使い方をしてしまうと、生活が惨めになっていくかもしれません。

女性の場合はとくに、どこかみすぼらしい感じになって、人生も先細ってしまいます。反対に、きらびやかに生きようとすると、経済的安定を逃して、ずっとお金の心配をしなければいけなくなるわけです。

このあたりのバランスをどうとるのかが、悩ましいところだと思います。

あなたも、いろいろ迷うかもしれませんが、ぜひじっくりと考えて、自分なりの結論を出してください。

幸せと豊かさのバランスは、あなたの人生に影響します。ストイックすぎても楽天的すぎても、お金との関係はうまくいきません。

収支のバランスが悪いと、幸せからも遠のいてしまうことを知っておきましょう。

一生、お金に困らないルール

51 収入と支出のバランスが幸せのポイント

幸せで豊かな生活について考えてみましょう

あなたにとって、幸せで豊かな生活とは、どんなものでしょうか。

まず、社会的にも経済的にも不安があまりない、というのは大きいでしょう。

そして、自分のやりたいことを自由にやれる。

これが「豊かさ」だと私は思っています。

そして、「幸せ」には2つの要素があります。自分がやりたいことを自由に追いかけるという積極的な喜びと、現状に対して深い満足感を持ち、感謝できるという内面の幸せの2つです。ワクワク感を持って生きるには、自分のやりたいことを、やりたいタイミングで、やりたい場所で、やりたい人と一緒にやることです。

幸せへの距離は、大金持ちでも、お金がない人でも、平等になっています。

いくらお金があっても、現状に満足できなかったら、不幸になってしまいます。逆に言えば、お金がなくても、現在の状況に満足できたら、幸せになれるのです。

ある程度の幸せを感じるためには、最低限の経済力が必要ですが、大金はいらないということです。もちろん、家賃や光熱費を払えるかどうか、食べていけるかなど、自分が生存していくことに対しての不安があると、幸せを感じにくくなります。

ヨガの達人のように、山にこもったり、何日も食べないで大丈夫というのであれば別ですが、普通の人は、そうはいきません。

贅沢はできないにしても、ある程度の貯金があり、経済的な流れがないと、安心して生活することができません。それを無視して「幸せ」について考えることはできないように思います。

では、豊かだと感じる生活をするのに、どれだけのお金がいるのか、冷静に見ていきましょう。たとえば、海外旅行に行ければ、ビジネスクラスでなくても全然いいのかもしれません。けれども、一年のうちに、数回は行きたいと思っているかもしれません。

人によっては、お金よりも時間が欲しいと感じているかもしれません。あるいは、やりがいがある仕事をやっているほうが、幸せを感じやすい人もいるでしょう。

豊かさも、自分なりの基準があって、それは、人によって全然違ってくるはずです。

衣食住でいうと、洋服やアクセサリーにお金をかけたい人もいるし、おいしい食べ物、ワインにお金をかけたい人もいます。また、家やインテリアにお金をかけたいと考える人もいるのです。

どれも手に入れたいという欲張りな人がいても、もちろんかまいません。

それぞれの豊かさの、スタイルがあっていいのです。

要は、それをあなたが決められるということです。

一生、お金に困らないルール

52 豊かさ、幸せを自分なりにはっきりさせる

お金に泣かされる目には遭わないように気をつけましょう

50代以降になって、お金で困る人は案外多くいます。

本当ならば、ある程度の資産を蓄えていて、悠々自適になっても不思議ではない年代になって、なぜ、お金に苦労してしまうのでしょうか?

その原因は、それまでお金のこととしっかり向き合わなかったことにあります。

「病気になって生活に行き詰まった」

「急に収入が途絶えて困っている」

そうなったのは、そんな状況を想定していなかったからです。

もしも、「そんなこともあるかもしれない」と思っていたら、どうでしょう。

たとえば会社から、ある日突然、「あなたは辞めてください」と言われても、「わかりました。これからは、第2の人生をエンジョイします」と笑顔で言えたら、どうでしょうか。十分な経済力を持っていたら、それが可能なのです。

「あなたは辞めてください」と言われたのが問題なのではなく、「わかりました」と言えない自分の準備不足が問題なのです。

そうは言っても、たいていの人は、新しい生活の準備ができていません。そんなことを考える余裕もなく、「ただ一生懸命に働いてきた」からそうなったのです。

けれども、それを言ったところで事態は変わりません。

会社をリストラされて困るのは、収入源が、その会社の給料しかないからです。

夫が働けなくなって困るのは、収入源の大半を、夫の稼ぎだけに頼ってきたからです。

以前テレビで、ある日突然閉鎖されてしまった工場の前で、60歳前後の女性が泣いて会社に文句を言っている姿を見ました。

「私はリストラされました。30年も勤めたのに……。私みたいな何のスキルもない人間は、これからどうやって生きていったらいいんですか。ひどすぎる、許せない！」

と言って怒っていたわけです。

53 生活のしかたは、いくらでも変えられると知る

突然に職を失ったショックはわかりますが、考え方によっては、「何の能力もない人を30年雇ってくれた工場」に感謝することもできたのではないでしょうか。

ふだんから準備していたら、リストラも病気も離婚も、恐れることはありません。

「結婚していなければダメ」「この会社でないとダメ」というように、「そうでないと生きていけない」と思っている人と、結婚していなくても、子どもがいなくてもいい、この会社では働かなくてもいいというふうに思っている人とでは、後者のほうが心がより安定しているのは間違いないでしょう。

「こうでないとダメだ」と考えるより、「そうでなくても何とかなる」と考えられるほうが余裕ができるので、自分にも人にも優しくなれます。いまの状況にこだわらない人ほど、いまの状況を楽しめるということもあります。

お金がなくてもいい人生を選択することもできます

お金とどれくらいの距離を保つかで、人生の様相はまったく変わったものになります。

お金をたくさん稼いで、たくさん使う生き方。

少なく稼いで、少しお金を使う生き方。

あるいは、普通の生き方。

できるだけ資本主義に組み込まれないように、自給自足で野菜やお米をつくることもできます。自分ではつくれない日用品だけを、現金で買えばいいのです。

女性であれば、都会に住んできらびやかな帽子やアクセサリーを身につけて、ホテルのパーティーに出ていくというような生き方もあれば、田舎でフリースを着て田んぼや畑で作業をする。そして、お昼には、おにぎりをおいしくいただくという生活もあります。

自分は、どうお金とつき合うのか。

お金との距離感――これがその人の豊かさと幸せを形づくります。

一生お金の心配をせずに、経済的な安心感を感じながら人生を全うすることもできます。

死ぬ直前まで、入院費の支払いや家族のことを心配するような人もいるでしょう。

選択できる道は、無数にあります。

でも、自分が選択できるのは1つだけです。

それは、旅行に行くときの行き先や宿泊先を決めるようなものかもしれません。

予算に余裕があれば、どこにでも行くことができます。豪華なホテルに泊まることもできれば、景色のいい部屋を選ぶこともできます。

でも、予算が少なかったら、どうでしょうか。

行く先も宿泊場所も無数にありますが、日数や予算に制限があると、選択肢は、結局、「こんなところしかない」ということにもなりかねません。

あなたは、これまで、すでに自分の人生を無数の選択肢から、選んでいます。

気分的には、「これしか選びようがない」と感じて、いまのライフスタイルに不満を感じているかもしれません。ですが、これまでの人生の生き方の結果、現在地にいるのです。

そして、これからの未来を選択するのも、自分自身です。

あなたがお金をどう稼ぎ、ふやし、守ったのかで、資産、負債の状態ができてきます。

お金と上手につき合えば、お金に左右されない生き方もできます。

でも、人口の90％以上は、経済状態に影響されて生活しています。

あなたが、お金とどう距離をとり、感情の赴《おもむ》くままに自由につき合うのか、いまから死ぬまでどうしたいか、これを機会に考えてみてください。

一生、お金に困らないルール

54 お金との距離感が豊かさと幸せを決める

一生お金に困らない人をめざしましょう

お金にふりまわされない生き方のためにはどうしたらいいのか、もう一度おさらいしておきましょう。

そのためには、お金のことを学ぶこと、お金に対する感情と向き合うことです。

お金とはどんなもので、どういうふうにしたら稼げるのか。

そして、ふやせるのか、守れるのか、活かせるのか。

まず、こういうことに関心を持ち、必要なら、一つひとつ勉強していってください。

また、同時に、いまの人間関係をよくすることにも意識を向けてみましょう。

お金といい関係を持って、友人が多ければ、あなたは一生食いっぱぐれるようなことはありません。

一生、お金に困らないルール

55 周りの人たちに不義理をしない

あなたのことを大好きな人がたくさんいれば、誰かが助けてくれるでしょう。

お金の知識よりも、そういうことのほうが大事だったりします。貯金がいっぱいあるよりも、友人がたくさんいるほうが、実際役に立つかもしれません。

パートナーシップに問題がある人は気をつけてください。せっかく経済的にうまくいっていても、パートナーとの関係がダメだと、すべてを失う可能性があるからです。

あとは、自分が本当にやりたいことをやって、人生を楽しんでください。

お金は、楽しい人生を送るためのサポートツールです。

お金に助けてもらって、あなたは、あなたのやりたいと思うことをしていいのです。

それが、自分の人生を生きるということなのです。

おわりに――

楽しみながら、すばらしい人生を選択してください

最後まで、この本を読んでくださって、ありがとうございました。

この本では、女性の生き方について、お金の側面からお話ししてきました。途中で、あまり見たくないことも出てきて、不快な気持ちになったかもしれません。

イヤな気持ちにさせてしまったとしたら、申し訳ありません。この場を借りて、お詫びします。

ところで、長い人生のあいだに、いま不快な気持ちになるのか、ずっとあとに困るのかという選択があったとしたら、多くの人は、いまイヤな気持ちになりたくないと思って、解決しなくてはいけないことを先延ばしにしてしまいがちです。

アリとキリギリスの童話は、イヤなことを先延ばしにしなかったアリと、いまを楽しん

だキリギリスの話ですが、人生にも、そういうところがあるのではないでしょうか。

いまは楽しく過ごせていても、将来困ることは出てきます。逆に、将来のために頑張りすぎて、いまがつまらなくなってしまうということもあります。

人生は、いま起きていることの連続でできています。

なので、いまを楽しみながらも、将来もすばらしいものになるような生き方を選んでください。それが、あなたにとって、どのようなものなのか考えてください。

あなたがどうしたいか、すべてはそれにかかっています。子ども時代から、お金とのつき合い方について、いろんな情報が入ってきたはずです。

それをいったん、整理して、これからどう生きるのかに役立ててください。

人は、自分のことを過小評価したり、過大評価したりしがちですが、ぜひ、自分の本当の姿と向き合って、すばらしい人生を実現してください。

あなたなら、きっとできます。

紅葉まっさかりの八ヶ岳にて

本田　健

▍著者プロフィール

本田健（ほんだ・けん）

神戸生まれ。経営コンサルタント、投資家を経て、29歳で育児セミリタイア生活に入る。4年の育児生活中に作家になるビジョンを得て、執筆活動をスタートする。「お金と幸せ」「ライフワーク」「ワクワクする生き方」をテーマにした1000人規模の講演会、セミナーを全国で開催。そのユーモアあふれるセミナーには、世界中から受講生が駆けつけている。大人気のインターネットラジオ「本田健の人生相談～Dear Ken」は1900万ダウンロードを記録。世界的なベストセラー作家とジョイントセミナーを企画、八ヶ岳で研修センターを運営するなど、自分がワクワクすることを常に追いかけている。2014年からは、世界を舞台に講演、英語での本の執筆をスタートさせている。

代表作に『ユダヤ人大富豪の教え』『20代にしておきたい17のこと』（大和書房刊）など。著書シリーズはすべてベストセラーとなっており、累計発行部数は680万部を突破している。

賢い女性の［お金の稼ぎ方・ふやし方・守り方］
―― 一生、お金に困らない55のルール

2016年1月1日　第1刷発行
2016年2月1日　第2刷発行

著　者　本田　健

発行者　櫻井秀勲
発行所　きずな出版
東京都新宿区白銀町1-13　〒162-0816
電話03-3260-0391　振替00160-2-633551
http://www.kizuna-pub.jp/

装　幀　福田和雄（FUKUDA DESIGN）
編集協力　ウーマンウェーブ
印刷・製本　大日本印刷

ISBN978-4-907072-47-6

きずな出版

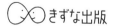

書籍の感想、著者へのメッセージは以下のアドレスにお寄せください
E-mail：39@kizuna-pub.jp

きずな出版
http://www.kizuna-pub.jp